Un amour méconnu

Frère Emmanuel, de Taizé

Un amour méconnu

Au-delà des représentations spontanées de Dieu

Bayard

ISBN 978.2.227.47775.9

Avant-propos

Les Romains le disaient déjà : les livres ont leur histoire. Le livre de frère Emmanuel en a aussi une. À la connaître, on comprend mieux la rigueur de la recherche. Et le sens de ce livre s'éclaire.

L'homme encore jeune qui cherchait l'absolu et voulait pouvoir vivre cette recherche dans une vie commune de type monastique avait été amené à entendre souvent frère Roger dire à ses frères ou à ceux qui passaient par Taizé : « Dieu ne peut qu'aimer. » Répéter cela représentait un constant effort pour convaincre ceux qui cherchent Dieu qu'en lui il ne peut y avoir que l'amour. Frère Roger lui-même, depuis son jeune âge, a dû être extrêmement sensible à la façon dont un certain langage sur Dieu, tout en étant bien intentionné, mettait partout des obstacles à la confiance qu'on voulait lui faire et provoquait même des blessures et des doutes.

Frère Emmanuel savait bien que cet amour méconnu de Dieu devait transparaître avant tout à travers l'authenticité d'une vie, mais il était poussé en même temps à vouloir surmonter intellectuellement les obstacles qui se mettaient en travers de son chemin. Cela supposait un travail acharné, sans cesse repris. Car il fallait être aussi rigoureux que possible.

Certes, la proximité avec frère Roger, la vie partagée avec les frères ont profondément marqué la réflexion. Mais du fait qu'il fallait entrer dans des domaines peu explorés, ce travail devait nécessairement être personnel et ne pouvait prétendre à engager toute une communauté. La difficulté dans l'élaboration de ce livre consistait bien en ceci : la remise en cause des représentations spontanées de Dieu impliquait toujours à nouveau de passer d'un domaine à l'autre, de tirer des conclusions provisoires et d'y revenir par la suite, de refuser de se croire arrivé à un aboutissement.

L'histoire de ce livre n'est donc pas terminée. L'exploration continue. Parler adéquatement de Dieu restera toujours au-delà de nos moyens. Mais pour être compris quand nous parlons de lui, nous avons à écouter encore et encore les interrogations de notre temps tout en sachant que l'expérience des siècles représente un trésor sur lequel nous appuyer.

Frère François, de Taizé

Introduction

Qu'il se dise « croyant », « non-croyant », « en recherche » ou simplement « ouvert », l'être humain se trouve sous l'influence de projections psychologiques inconscientes lorsque la question de Dieu est évoquée. Chez l'un, certaines de ces projections susciteront une représentation de Dieu qui nourrira une révolte, un rejet, une peur ou une indifférence. Chez l'autre, elles susciteront une représentation de Dieu qui bloquera ou retardera l'accès à des découvertes pourtant essentielles à l'épanouissement d'une vie intérieure. L'activité de ces processus inconscients vient très souvent fausser une quête de sens ou une expérience spirituelle. En démasquant cette influence inconsciente dans les représentations spontanées de Dieu les plus répandues, cet ouvrage invite chacun à renouveler son regard sur les questions existentielles et spirituelles à la fois les plus universelles et les plus intimes, afin de pouvoir envisager, découvrir ou redécouvrir un amour méconnu.

« Un amour méconnu » : il ne s'agit pas, en effet, d'un amour inconnu – qui n'a jamais entendu parler, fût-ce indirectement, de la possible existence d'un Dieu d'amour, d'un amour divin ? – mais plutôt d'un amour mal connu parce que constamment défiguré. D'innombrables personnes ne supportent même plus d'entendre le mot « Dieu » à la suite d'une épreuve, et encore moins l'évocation d'un Dieu d'amour tout-puissant, tant son existence leur paraît incompatible avec un monde où sévit le mal. Comment un Dieu d'amour tout-puissant aurait-il pu souhaiter ou permettre les diverses formes de mal qui font souffrir l'être humain ? La difficulté, voire l'impossibilité momentanée de croire en un Dieu d'amour à cause du mal ici-bas demeure l'un des fondements de l'athéisme moderne, l'objection première formulée à l'encontre de toute considération d'ordre théologique. Cette confrontation à la souffrance constitue aussi la principale cause de révolte ou de doute pour les croyants qui en viennent à soupçonner la volonté divine de connivence avec le mal. Chez les uns comme chez les autres, un tel combat intérieur remet en cause la possibilité même d'un lien entre le mystère de l'amour et un éventuel mystère divin. Toute quête de sens ou toute expérience spirituelle se retrouve confrontée un jour ou l'autre à cette remise en cause : elle représente la première étape à franchir ou du moins une étape obligée pour tout cheminement qui se veut lucide et réaliste. C'est la raison pour laquelle la première partie de cet ouvrage lui est entièrement consacrée, sans craindre d'aborder par ailleurs les formes de mal le plus souvent reprochées à un Dieu-Créateur, à savoir les catastrophes naturelles, les maladies et finalement la mort ; sans craindre non plus de souligner le précieux soutien que sciences humaines et sciences exactes peuvent toutes deux apporter à un tel questionnement, en posant les jalons d'une réconciliation entre les observations scientifiques et la recherche théologique. Ces pages démasquent le désir de toute-puissance qui habite l'être humain dès sa petite enfance et influence ses représentations spontanées d'une toute-puissance divine, au point de conditionner d'emblée ses convictions personnelles sur la problématique du mal. En invitant chacun – croyant ou non –

à ne plus demeurer dépendant d'un tel conditionnement, cette première partie conduit à un profond renouvellement du regard si souvent posé sur l'apparente incompatibilité entre l'existence d'un Dieu d'amour tout-puissant et un monde où sévit le mal.

Lorsque le doute et la révolte face au mal ne demeurent plus des blocages insurmontables, les obstacles majeurs au cours d'une quête de sens ou d'une expérience spirituelle se situent surtout au niveau des diverses peurs secrètes qui se greffent sur la notion de Dieu. Tout être humain est habité par des peurs, qu'elles soient conscientes ou non, reconnues ou inavouées, assumées ou refoulées ; elles peuvent s'étendre de la simple peur d'être déçu ou incompris jusqu'à celle d'être mal aimé, voire abandonné. Les plus inquiétantes d'entre elles proviennent, directement ou indirectement, de la difficulté pour chacun à se croire digne d'être aimé. Cette difficulté prend sa source dans le lancinant sentiment de culpabilité inhérent à la découverte en soi-même de facettes déconcertantes, notamment de certaines pulsions agressives, sexuelles ou autres qui alimentent un malaise intérieur. Or le regard relativement sévère issu de ce difficile face-à-face avec soi-même se retrouve très souvent projeté inconsciemment sur le regard d'un Dieu alors perçu par tant de personnes – croyantes ou non – comme l'Être qui pourrait ne pas les aimer à cause de leurs facettes les plus troublantes et même les juger sévèrement, les punir ou les rejeter. Nombreuses sont les formes d'indifférence religieuse derrière lesquelles se cachent en réalité de telles peurs secrètes de Dieu ; nombreuses sont également les pratiques religieuses où ces mêmes peurs nourrissent une vie intérieure plus paralysante qu'épanouissante. Attentive à soutenir une meilleure compréhension de soi, en particulier des principaux stades de l'évolution psychologique à l'origine de pulsions parfois si déconcertantes, la deuxième partie de cet ouvrage encourage une réconciliation avec soi-même grâce à un regard à la fois lucide et bienveillant qui vient corriger la sévérité inconsciemment projetée sur les représentations spontanées d'un quelconque jugement divin. En insistant sur la présence en chacun de blessures secrètes d'où naissent nombre d'attitudes jugées – à tort ou à raison – répréhensibles, puis en s'interrogeant sur le regard qu'un Dieu d'amour poserait sur de telles blessures, ces pages permettent de s'ouvrir à une représentation du jugement divin très éloignée de ce que l'être humain risque toujours de s'imaginer à la suite d'un difficile face-à-face avec lui-même.

S'il est vrai que personne ne souhaite côtoyer et mieux connaître quelqu'un qui lui inspirerait de la crainte, le dépassement de certaines peurs secrètes de Dieu pose au contraire avec davantage d'acuité la question d'une vie intérieure, d'une expérience spirituelle. Or le développement et l'épanouissement d'une vie intérieure se heurtent à un obstacle de taille : la prise en considération d'une transcendance divine s'accompagne généralement de la représentation spontanée d'un Être plutôt lointain, imposant ou condescendant. De telles représentations de Dieu poussent souvent les uns à se désintéresser d'une expérience spirituelle ; elles conduisent parfois les autres à mener une relation de type dominant-dominé, voire de maître à esclave. Des répercussions aussi considérables impliquent de s'interroger sur l'origine psychique de cette tendance naturelle à percevoir de la sorte une éventuelle transcendance ou grandeur divine. En mettant en évidence les divers transferts et projections qui alimentent la représentation d'un Dieu imposant ou distant, la troisième partie de cet ouvrage invite à méditer le radical changement de perspective engendré par la représentation d'un Dieu qui, comme le soutient la révélation chrétienne, souhaiterait au contraire se tenir infiniment proche de chacun, d'un Dieu à la fois désireux d'aimer intensément sa créature et d'être intensément aimé par elle. De même que toute demande sincère d'être aimé a quelque chose de bouleversant, de même une prise en compte conséquente de la possible existence d'une telle attente divine vient bouleverser bien des manières d'appréhender la question de Dieu ou de mener une vie intérieure, tout en conduisant chacun à changer de regard sur sa propre capacité d'aimer. À travers ces pages se dévoilent peu à peu les fondements véritables sur lesquels repose la confiance en la réalisation de cette réciprocité d'amour divino-humaine dont maintes traditions mystiques ont inlassablement témoigné à travers les âges et qui représente pour la mystique chrétienne à la fois le cœur et le sommet de toute quête spirituelle.

Chez ceux qui entrent déjà consciemment dans une telle réciprocité d'amour divino-humaine comme chez ceux qui demeurent encore dans un rejet de toute croyance religieuse, les images mentales de Dieu suscitées par l'inévitable emploi d'analogies humaines – la figure du père, par exemple – déclenchent des projections inconscientes liées à leur histoire personnelle, à leur profil psychologique et à leur identité sexuée. Sous l'influence de ce processus toujours actif, certaines personnes prendront leurs distances à l'égard d'un Dieu qui ne leur rappelle que trop des blessures non cicatrisées de leur enfance ou de leur jeunesse ; d'autres rejetteront de façon systématique toute perspective spirituelle alors devenue le bouc émissaire d'un règlement de comptes personnel ; d'autres encore ne mèneront leur vie intérieure qu'à travers le prisme de la seule analogie qu'ils ont retenue de leur éducation religieuse ou de la culture ambiante, avec ce double risque : soit l'analogie concernée est liée, consciemment ou inconsciemment, à une expérience plutôt négative dans leur vie et risque alors de ne pas permettre à leur relation avec Dieu de dépasser un certain degré de confiance et d'intimité ; soit l'analogie concernée est liée, consciemment ou inconsciemment, à une expérience plutôt positive dans leur vie et risque alors d'alimenter une conception de Dieu réduite à ce seul aspect, au détriment d'autres facettes susceptibles de caractériser ce mystère divin. Il en résulte que toute quête de sens ou expérience spirituelle gagnerait à exercer un solide discernement à l'égard des analogies humaines employées ici et là dans tant de propos sur Dieu ; d'abord en prenant du recul par rapport au conditionnement culturel, psychologique et théologique dont elles portent inéluctablement la marque, puis en demeurant lucide sur leurs avantages et leurs inconvénients, afin de se libérer des représentations spontanées de Dieu qui, par leur lien exclusif avec telle ou telle analogie, empêcheraient d'accéder à d'autres facettes propres au mystère d'un Dieu qui serait amour. L'importance d'une telle démarche ne saurait être sous-estimée tant la puissance de l'image mentale associée à la notion de Dieu influence les convictions de chacun ainsi que la gestion de sa vie intérieure. Il suffit, pour s'en convaincre, de mettre côte à côte deux analogies qui, en dépit de leur aspect certes caricatural et de leur apparence quelque peu provocatrice, ont néanmoins le mérite de suggérer cette puissance de l'image mentale et ses répercussions en termes d'intérêt, de confiance, de tendresse, de réponse et d'implication personnelles : ces diverses dispositions intérieures se révéleront très différentes selon qu'une personne considère se trouver en présence d'un vieillard barbu, au regard presque sévère et à la gestuelle plutôt autoritaire, ou bien d'une charmante jeune femme, avenante et souriante ! Par son analyse des conditionnements culturels, psychologiques et théologiques les plus préjudiciables à tous, par son invitation à ne plus rester dépendant d'une approche de Dieu exclusivement masculine et à reconnaître l'aptitude des analogies féminines à refléter la beauté d'un amour divin, la quatrième partie de cet ouvrage souhaite interpeller autant les personnes qui se pensent non-croyantes que celles qui vivent déjà consciemment une expérience spirituelle : aux premières, elle adresse plutôt un appel à ne plus se positionner religieusement à partir d'une représentation de Dieu réductrice, parfois inculquée dès leur jeunesse ou entretenue par des caricatures propres à leur environnement culturel ; aux secondes, elle adresse surtout un appel à ne pas empêcher un Dieu d'amour de les conduire encore plus loin sur le chemin d'une intimité avec lui, de leur offrir son amour divin sous la facette et de la manière qu'il jugerait les mieux adaptées à chacun en vue de vivre l'union divino-humaine la plus intense et la plus belle possible.

Ce renouvellement du regard sur les questions existentielles et spirituelles à la fois les plus universelles et les plus intimes vient offrir à toute quête du sens ultime de la vie, du sens ultime de l'amour, un soutien dont les conséquences se répercutent jusque dans la gestion concrète du quotidien, notamment des paroles et des gestes d'amour susceptibles d'y prendre place. Quelles que soient leurs convictions religieuses, de nombreuses personnes pressentent à travers leur propre expérience de l'amour un mystère qui les dépasse et les renvoie indirectement à un sens ultime apte à en rendre compte ; mais plus rares sont celles qui réalisent combien cette question du sens pourrait leur donner les moyens de renouveler et même d'intensifier cet amour jour après jour. À une époque où la qualité de l'amour échangé au quotidien ne cesse de prendre le pas sur les considérations sociales, familiales ou autres ayant prévalu par le passé, un des grands défis demeure la recherche d'une intensification de l'amour dans la durée, tant il est vrai que même l'amour le plus épanoui n'est jamais acquis une fois pour toutes et risque de voir le temps s'immiscer comme un redoutable facteur d'érosion sentimentale. L'épilogue de ce livre plonge au cœur de ce qu'un amour humain peut trouver comme motivation et comme force intérieure dans l'accueil du sens ultime de la vie et du sens ultime de l'amour tels que la mystique chrétienne les conçoit. Cette dernière, contrairement à bien des idées reçues, s'y révèle en mesure de permettre une réconciliation entre vie quotidienne et vie intérieure, entre gestes d'amour et quête de l'ultime, entre sexualité et spiritualité, entre élan érotique et aspiration mystique ; plus encore : elle offre un sens à la vie et un sens à l'amour suffisamment élevés pour que chacun y puise la motivation et la force intérieure en mesure de secourir un élan naturel qui, à lui seul, ne saurait inscrire un amour dans la durée et encore moins l'intensifier. Ce sens ultime confère aux paroles et aux gestes d'amour une valeur dont l'intériorisation soutiendrait chaque jour le renouvellement, au plus profond de soi, de ce qui est vraiment essentiel, renouvellement en dehors duquel aucun amour ne saurait apprendre à aimer, s'épanouir en vérité et transfigurer le temps : cet ennemi synonyme d'érosion sentimentale pourrait alors se transformer en un véritable allié qui, en permettant ce continuel renouvellement de l'essentiel que seule la durée rend possible, devient le cadeau à offrir à une réciprocité d'amour afin qu'elle tende, jour après jour, vers son plus haut degré d'intensité. Ces dernières pages effectuent également une plongée au cœur de l'amour divino-humain, jusque dans la face cachée et les ressorts secrets de l'absolu monastique, appelé lui aussi à se réaliser dans une réciprocité d'amour où le moine, prenant au sérieux cette Présence divine continuellement à ses côtés, se dispose intérieurement à accueillir son amour et à l'aimer en retour de toutes les fibres de son être. S'y dévoile l'importance d'une intégration quotidienne de son humanité, de sa sensibilité, de son identité sexuée, de sa manière d'être et d'aimer, intégration qui seule peut transfigurer sa soif d'être aimé et d'aimer la plus intime en un langage d'amour adressé à Dieu où s'épanouit cet intense élan, dénommé « éros », qui habite tout être humain et dont la présence si puissante révèle indirectement son identité véritable et sa destinée ultime.

Le mal contredit-il l'existence d'un Dieu d'amour ?

Projections inconscientes et représentations d'une toute-puissance divine

D'innombrables personnes estiment que jamais le genre humain n'aurait été à ce point confronté au mal s'il existait vraiment un Dieu d'amour tout-puissant. Comment un tel Dieu aurait-il pu souhaiter ou même permettre la moindre forme de mal ? Pourquoi n'aurait-il pas créé un monde meilleur à bien des points de vue ? Il n'est pas surprenant que de tels arguments aient conduit les uns à douter de l'existence d'un Dieu d'amour et les autres à demeurer souvent prisonniers de représentations théologiques aussi incohérentes que révoltantes, notamment celle d'un Dieu à double visage qui d'un côté prétendrait aimer le genre humain et de l'autre pourrait souhaiter ou permettre le mal. Il n'est pas étonnant non plus que nombre de philosophes et de théologiens ne soient pas parvenus à surmonter les contradictions inhérentes à une telle problématique, car cette dernière ne se limite pas à une question d'intelligence ou de connaissances : s'y trouvent également impliqués des déterminismes psychologiques de l'inconscient qui, faute d'être identifiés et traités avec attention, entretiennent cette impression d'une incompatibilité apparemment insurmontable entre les diverses manifestations du mal et l'existence d'un Dieu d'amour tout-puissant. En s'interrogeant sur la manière dont ce sentiment d'incompatibilité se cristallise dans la conscience de chacun, cette première partie mettra en évidence l'influence considérable de la projection inconsciente du désir humain de toute-puissance sur les représentations spontanées d'une toute-puissance divine. Au fur et à mesure que cette prise de conscience démasquera les répercussions d'une telle projection psychologique, elle invitera à poser un regard entièrement renouvelé sur l'apparente incompatibilité entre l'existence d'un Dieu d'amour tout-puissant et un monde où sévit le mal.

Par-delà le désir de toute-puissance

Dans une quête de sens confrontée à la dure réalité du mal, la représentation que chacun se fait spontanément d'une éventuelle toute-puissance divine est susceptible d'influencer ses convictions personnelles bien au-delà de ce qu'il pourrait soupçonner. Découvrir la portée de cette influence implique d'abord de mieux cerner le conditionnement inconscient opéré par les rêves de toute-puissance qui sommeillent en chaque être humain. Une secrète aspiration à devenir tout-puissant s'empare en effet des profondeurs du psychisme dès la petite enfance, lorsque la découverte de ses propres limites fait naître chez l'enfant le souhait de disposer d'un pouvoir en mesure d'accomplir dans l'immédiat le moindre de ses désirs. Ce souhait risque alors de conduire l'être humain à se représenter une toute-puissance divine à partir de la toute-puissance à laquelle il aspire inconsciemment depuis son plus jeune âge. Au sein de ses recherches sur la croyance et l'incroyance, le psychologue Antoine Vergote souligne l'influence de ce désir infantile de toute-puissance et rappelle la pensée de Sigmund Freud sur les représentations les plus communes d'une toute-puissance divine : « L'homme délègue à Dieu la tâche de réaliser la toute-puissance dont il se sent privé. Ainsi le Dieu tout-puissant est-il le reflet de la toute-puissance imaginaire des désirs[a]. » Or ce désir de toute-puissance se traduit, entre autres, par le désir inconscient de pouvoir exercer un contrôle absolu sur chaque vie, si bien que la projection psychologique d'un tel désir conditionne aussi la représentation que l'être humain se fait spontanément d'une éventuelle volonté divine : son aspiration inconsciente à un contrôle absolu le pousse à considérer que les événements de sa propre vie, de la vie de ses proches ou de toute autre personne ont été voulus, contrôlés, voire imposés d'en haut par cet Être divin. Plus cette projection inconsciente est active, moins elle permet à chacun de faire la distinction entre une éventuelle volonté divine et ce qui advient concrètement dans sa vie ou celle des autres. C'est la raison pour laquelle toute forme de mal, de malheur proche ou lointain, le conduit à douter de l'existence d'un Dieu d'amour ou de la qualité d'un amour divin dès lors soupçonné de connivence avec le mal. Mais c'est aussi la raison pour laquelle ce doute et ce soupçon mériteraient à leur tour d'être sérieusement remis en cause : ils semblent tous deux provenir d'un psychisme encore très dépendant de cette projection inconsciente sur Dieu du désir infantile de toute-puissance.

Mesurer combien l'influence de sa propre aspiration inconsciente à une forme de contrôle absolu peut ainsi fausser dès le départ la représentation de Dieu à partir de laquelle se développe toute réflexion relative à la problématique du mal, c'est découvrir un des plus précieux apports que la psychologie est en mesure d'offrir à un cheminement intérieur : apprendre à

a. *Religion, foi, incroyance, étude psychologique*, Bruxelles, Mardaga, 1987, p. 217.

tenir compte du rôle imputable à certains déterminismes de l'inconscient dans la formation d'une religiosité naturelle d'où proviennent ensuite la plupart des représentations spontanées de Dieu. Cette religiosité naturelle conditionne notamment les représentations de Dieu sur lesquelles repose tout autant l'armature d'une certaine foi populaire que la base d'un certain raisonnement athée. Pour les uns comme pour les autres, cette prise de conscience demeure un appel à prendre du recul par rapport aux représentations de Dieu à partir desquelles leurs convictions personnelles se sont forgées. Ne versant ni dans l'adhésion aveugle, ni dans la réduction simpliste de la religion à une illusion créée de toutes pièces par l'inconscient, un discernement exercé se doit de distinguer ce fond de religiosité naturelle d'une quête spirituelle authentique, soucieuse d'aborder les grandes questions existentielles sans demeurer la proie des projections inconscientes qui lui seraient le plus préjudiciables.

Une liberté humaine infiniment respectée

La difficulté d'exercer un tel discernement sur la croyance en un Dieu d'amour tout-puissant provient surtout du fait que la projection inconsciente du désir infantile de toute-puissance a investi les profondeurs de l'être humain à l'époque où elles étaient le plus malléables. L'ancrage de cette projection psychologique rend presque inaccessible un critère de discernement pourtant capable d'éclairer toute quête de sens confrontée aux diverses manifestations du mal : s'interroger sur un Dieu qui serait amour en son essence implique d'être attentif à ne plus se représenter cette toute-puissance divine à partir du désir humain de toute-puissance, car il ne s'agit pas dans cette croyance de n'importe quelle toute-puissance, mais de la toute-puissance d'un amour divin [1*]. À elle seule, cette distinction entraîne une prise de recul des plus éclairantes, dans la mesure où elle remet en cause une conception trop humaine de la toute-puissance, tout en suggérant de redéfinir

* Cette numérotation renvoie à des « notes-commentaires » situées en fin d'ouvrage.

la notion de toute-puissance divine à partir des caractéristiques les plus fondamentales du mystère de l'amour.

Or, dans le cadre d'une relation mature, une des caractéristiques les plus essentielles du mystère de l'amour demeure incontestablement le respect de la liberté de l'être aimé, à commencer par le respect de sa décision d'effectuer ou non un cheminement à deux. Quiconque a été saisi, ne serait-ce qu'une fois dans sa vie, par l'émerveillement d'un amour authentique, sait bien que jamais son cœur n'aurait pu envisager d'imposer ses sentiments, de contraindre son vis-à-vis à les accepter, quitte à souffrir profondément d'un éventuel refus. Si un amour humain peut aller jusque-là, il paraît inconcevable qu'un amour divin ne puisse pas en faire autant. Par conséquent, s'interroger sur l'existence d'un Dieu d'amour implique de prendre en compte le respect qu'il manifesterait à l'égard de la liberté humaine : un tel Dieu ne forcerait pas sa créature à vivre une relation harmonieuse avec lui ou à contribuer au bonheur de son entourage, quitte à souffrir profondément des mauvais choix qu'elle effectuerait dans l'exercice de sa liberté. Cette prise de conscience entraîne un complet retournement de l'objection habituellement formulée à l'encontre de toute croyance en un Dieu d'amour : le fait que l'être humain puisse librement refuser d'aimer, et donc que le mal puisse exister, non seulement n'exclut pas mais renforce considérablement la possibilité d'un lien entre le mystère de l'amour et celui de Dieu. À la lumière de ce respect de la liberté humaine, ce n'est plus l'impossibilité pour le mal de se manifester ici-bas, mais paradoxalement la possibilité même de sa manifestation qui apparaît désormais pleinement compatible avec l'existence d'un Dieu d'amour !

Un Dieu qui ne veut ni ne permet le mal

Si cet étonnant retournement de perspective remet en cause, à de nombreux égards, l'apparente incompatibilité entre l'existence du mal et celle d'un Dieu d'amour, il permet également de ne pas constamment défigurer la volonté d'un tel Dieu lors de l'interprétation de certaines épreuves qui jalonnent la vie de chacun ou celle de ses proches. Plus l'impact du mauvais exercice de la liberté humaine sera pris au sérieux dans tous les domaines de l'existence, plus s'estompera la tendance à relier systématiquement à une éventuelle volonté divine tel drame de sa vie ou de la vie d'un être cher : une vigilance s'impose pour ne plus demeurer dépendant de cette projection du désir infantile de toute-puissance qui nourrit inconsciemment la représentation d'un Dieu-Dictateur manipulant ses créatures comme des marionnettes et leur imposant un destin décidé à l'avance. Bien des personnes ne supportent plus d'entendre le mot « Dieu » à la suite d'une épreuve, tant cette projection inconsciente les empêche de percevoir dans les multiples formes de violence qui les agressent, y compris accidentelles, le fruit d'attitudes ou de choix humains malheureux qui n'ont pas à être arbitrairement reliés à un quelconque vouloir divin. La souffrance peut aveugler au point de ne plus permettre d'accéder à un discernement fiable et cohérent. Si des êtres humains, à l'amour pourtant limité, trouvent de tels malheurs aussi intolérables, comment un Dieu dont l'essence correspondrait à l'expression ultime de l'amour pourrait-il ne pas les trouver plus intolérables encore[2] ? Comment ce Dieu-là pourrait-il ne pas désirer pour tel homme ou telle femme davantage de bonheur en cette vie que ne le souhaiteraient les personnes qui les aiment le plus ici-bas, alors que son amour divin correspondrait, par sa nature même, à la plus haute manifestation de l'amour susceptible d'être porté à chacun ?

Ne plus demeurer dépendant de cette projection du désir humain de toute-puissance sur la représentation de Dieu, c'est aussi démasquer son influence jusque dans la tendance à confondre la liberté octroyée à l'être humain avec une permission de commettre le mal. Un certain langage théologique a parfois cru bien faire en ayant recours à la formule : « Dieu ne veut pas le mal, mais il le permet. » Même si elle marque déjà une avancée par rapport à de nombreuses approches du passé, cette formulation nourrit malheureusement à son tour l'incohérence qu'elle souhaitait surmonter : l'évocation d'une permission divine de faire le mal donne encore trop l'impression de relativiser l'horreur de la souffrance humaine ; et non seulement l'horreur de la souffrance humaine, mais aussi l'horreur de la souffrance divine, car un Dieu d'amour ne pourrait que souffrir cruellement de tout mal commis et se tenir du côté et aux côtés de tout être qui souffre. Olivier Clément demeure l'un des rares théologiens à avoir été sensibles à la maladresse d'un langage évoquant une permission divine : « Il faut dire que Dieu n'a pas créé le mal et même qu'il ne l'a pas permis[a]. » La pertinence de son intuition semble à première vue difficile à reconnaître, à moins de parvenir à démasquer la source de cette assimilation erronée du don de la liberté humaine à une permission indirecte de commettre le mal. Cet amalgame repose en réalité sur la supposition plus ou moins inconsciente que ce Dieu-Créateur aurait pu, dès le départ, faire également le choix de ne pas laisser à l'être humain le possible exercice de sa liberté. En effet, seul peut « permettre » celui qui peut s'opposer au projet concerné et en empêcher la réalisation : une permission ne serait pas une permission si celui qui la donne n'était pas en mesure d'en interdire la teneur à volonté. Or, en méditant avec rigueur le lien entre le mystère de l'amour et le respect de la liberté de l'être aimé, il apparaît qu'un Dieu dont l'essence serait amour n'a pas du tout le choix entre respecter la liberté humaine ou en interdire l'exercice : l'amour ne peut même pas envisager de priver l'être aimé de sa liberté, l'amour ne peut que respecter la liberté de l'autre, car l'amour ne peut et ne sait qu'aimer ! Le fait que l'être humain puisse faire un mauvais usage de sa liberté n'est pas identifiable à une éventuelle permission divine de commettre le mal, quel qu'il soit : l'existence de la liberté humaine et le respect de son exercice ne peuvent qu'être inhérents à l'essence d'un Dieu d'amour qui ne saurait concevoir – ni en actes, ni même en pensée – un vis-à-vis dénué de liberté. L'existence de la liberté humaine et le respect de son exercice découlent de l'essence d'un Dieu d'amour comme l'eau coule d'une source, car eux seuls correspondent à un amour divin qui demeure pleinement fidèle à lui-même et ne pourrait agir autrement sans renier sa propre nature.

---

a. *Notre Père*, Paris, Socéval, 1988, p. 52.

Un amour illimité que rien ne peut anéantir

Peu à peu se dessine un nouveau visage de la toute-puissance divine : une toute-puissance d'amour qui dévoile sa véritable identité dans sa capacité d'aimer à l'état pur et de ne cesser d'aimer quoi qu'il arrive, quels que soient les rejets, les déceptions et les obstacles qui se dressent sur son chemin. Ce nouveau visage se révèle fort éloigné de celui qui se dégage habituellement des représentations les plus répandues d'une toute-puissance divine ; cet écart peut même atteindre des proportions telles qu'une simple prise de conscience, si indispensable soit-elle, ne saurait contrer à elle seule l'impact de cette projection inconsciente du désir infantile de toute-puissance. Trop profondes sont les racines d'un tel processus psychologique pour que la seule connaissance intellectuelle de son existence suffise à limiter son emprise. En témoignent tant d'ouvrages ou de propos à connotation spirituelle où transparaît un Dieu à double visage, sans doute à l'insu même de leurs auteurs qui ont souvent accumulé un impressionnant bagage philosophique, théologique, biblique ou autre. C'est comme si ce processus psychologique demeurait suffisamment vivant au-dedans de soi pour réactiver de temps à autre une certaine religiosité naturelle qui vient alors se juxtaposer à une vision plus mature, pourtant supposée déjà acquise. Une intériorisation soutenue et un renouvellement régulier de cette prise de conscience paraissent indispensables à qui souhaiterait limiter l'influence de la projection de son propre désir de toute-puissance. Sans un minimum de vigilance, cette projection défigurera d'emblée toute croyance qui établit un lien entre le mystère de Dieu et le mystère de l'amour, et ce de façon quasi proportionnelle à l'importance que la religion concernée accorde à ce lien.

Pour toute quête de sens qui s'interrogerait sur la révélation chrétienne, cette vigilance s'impose d'autant plus que la reconnaissance d'un lien entre le mystère de Dieu et le mystère de l'amour se trouve au cœur du cœur de la foi évangélique, selon l'expression lapidaire et fulgurante de l'apôtre Jean : « Dieu est amour [a]. » La défiguration de la toute-puissance de ce Dieu d'amour ne saurait être évitée sans exercer régulièrement le discernement précédemment évoqué : loin de ressembler à la toute-puissance infantile et à son aspiration secrète à un contrôle absolu de type dictatorial, la toute-puissance d'un amour divin ne peut consister à forcer, à manipuler ou à écraser l'être humain, mais plutôt, dans le plus grand respect de sa liberté, à continuer de l'accompagner quel que soit le contenu de son existence, à l'aimer jusqu'au bout, envers et contre tout. Malgré les multiples défigurations dont il fut inévitablement victime à travers l'histoire, c'est bien ce visage méconnu de la toute-puissance divine qui se révèle de façon bouleversante dans l'événement fondateur de la foi chrétienne : la passion du Christ suivie de sa résurrection. S'y

a. Première Épître de saint Jean, chapitre 4, versets 8 et 16.

révèle en effet une toute-puissance divine inséparable de cet amour incompris, bafoué et humilié, parvenant quand même à pardonner et à aimer jusqu'au bout ceux qui le rejettent et le crucifient. S'y révèle une toute-puissance divine dès lors apparentée au symbole de la croix, choisi non par exaltation de la souffrance mais par exaltation de cet amour sans limites dont personne n'est exclu, le signe de croix exprimant cette confiance du chrétien que rien ne pourra le séparer – ni lui ni ceux qu'il aime – de cet amour divin : « Oui, j'en ai l'assurance, écrit saint Paul, ni mort ni vie, [...] ni présent ni avenir, ni aucune créature ne pourra nous séparer de l'amour de Dieu manifesté dans le Christ Jésus [a]. » S'y révèle, en définitive, la seule toute-puissance divine qui pourrait prétendre correspondre à un Dieu d'amour : une toute-puissance dont le visage revêt les traits d'un amour illimité que rien ne peut anéantir, décourager, ni empêcher de se donner inlassablement – les traits d'un amour assuré et assurant que le mal n'aura pas le dernier mot.

---

a. Épître aux Romains, chapitre 8, versets 38 et 39.

Une création aux étapes incontournables

Le mal se manifeste également en ce monde sous des formes qui ne sauraient être reliées à un mauvais usage de la liberté humaine et qui constituent de ce fait la remise en cause la plus pertinente de l'existence d'un Dieu d'amour tout-puissant. Certes, la frontière demeure parfois difficile à tracer entre les manifestations du mal liées à l'usage de la liberté humaine et celles qui ne le seraient pas, tant il est vrai que certaines décisions humaines ont aussi indirectement un impact sur bien des drames aux causes dites « naturelles » : une gestion écologique irresponsable, des conditions de sécurité inadaptées ou non appliquées, des installations établies en des zones à haut risque pour des raisons souvent financières, des investissements ne donnant pas la priorité à l'amélioration des conditions de vie ou à la recherche médicale, des maladies mal dépistées ou mal soignées, des campagnes d'information et de sensibilisation insuffisantes ou insuffisamment écoutées, sans oublier l'origine souvent psychique de nombreuses maladies liées à des comportements humains nocifs remontant à la petite enfance et autres troubles psychosomatiques inséparables de l'histoire de chacun, etc. Mais il demeure indéniable que nombre de phénomènes aux conséquences parfois dramatiques pour l'humanité ne peuvent être abusivement reliés à un mauvais exercice de la liberté humaine, en particulier lorsqu'ils font partie intégrante de la création bien avant que l'être humain n'y fasse son apparition. Certains d'entre eux s'inscrivent même dans la dynamique de l'évolution qui a permis à l'humanité de voir le jour, à commencer par les phénomènes qui nourrissent incontestablement le plus de révoltes, de reproches ou de doutes à l'égard d'un Dieu-Créateur : les catastrophes naturelles, les maladies et finalement la mort.

La projection inconsciente du désir infantile de toute-puissance se trouve de nouveau au cœur de ce processus intérieur qui, en présence d'un monde meurtri par ces facettes dramatiques de la création, pousse à douter de l'existence d'un Dieu d'amour tout-puissant ou à lui reprocher de ne pas avoir créé un monde meilleur. L'emprise de cette projection joue un rôle prépondérant chaque fois qu'elle conduit l'être humain à se représenter inconsciemment les actes créateurs d'un tel Dieu comme des coups de baguette magique aptes à réaliser dans l'instant même un résultat conforme au moindre projet divin. La principale conséquence de cette représentation illusoire d'une toute-puissance divine susceptible de faire tout et n'importe quoi à volonté – le fantasme infantile par excellence – réside dans la difficulté à prendre en considération une vérité pourtant fort simple : toute création passe par de multiples étapes avant de parvenir à sa réalisation finale. L'histoire de l'Univers et le développement de la vie sur Terre en demeurent à la fois l'illustration la plus poignante et l'observation scientifique la plus susceptible de bousculer toute représentation quasi magique de l'activité d'un Dieu-Créateur. L'influence de cette conception magique de l'agir divin empêche souvent de comprendre que la théorie scientifique de l'évolution remet en cause non pas l'existence d'un Dieu-Créateur, mais la représentation que tant de croyants et de non-croyants se font eux-mêmes des modalités créatrices de Dieu. Entre la manière dont un Dieu-Créateur s'y serait pris et la question de son existence en tant que telle, la distinction est de taille ! Cette distinction ne se contente pas seulement de justifier le fait qu'aucune opposition entre la science et la foi n'est légitime, mais elle vient également illustrer le précieux soutien que l'observation scientifique se trouve en mesure d'apporter à tout cheminement intérieur. L'évocation de ce soutien ne sous-entend pas que la science soit habilitée à se prononcer sur une question d'ordre spirituel : la description et le fonctionnement du réel tel qu'il peut être observé – démarche scientifique par excellence – est une chose, alors que le sens pouvant être conféré à ce même réel – démarche religieuse par excellence – en est une autre. L'évocation de ce soutien ne sous-entend pas non plus que la science ait pour vocation de privilégier telle ou telle interprétation des faits observés : à partir des mêmes connaissances scientifiques et des mêmes constats, un choix restera toujours à faire entre l'absurdité du hasard [3] et un projet divin qui donne du sens à la vie et confirme la grandeur universellement pressentie de l'amour. En revanche, l'évocation de ce soutien vient rappeler que, même si la science n'est pas en mesure de se prononcer sur l'existence de Dieu, elle a néanmoins l'immense mérite de confronter chacun à la réalité observée et non à des rêves illusoires ou à des spéculations gratuites souvent invraisemblables : si Créateur il y a, ce sont bien là les étapes de l'évolution qu'il a tenu lui-même à suivre et qu'il a donc jugées incontournables pour accomplir son dessein. Une écoute attentive et respectueuse des observations scientifiques peut ainsi activement contribuer à libérer chacun de la représentation réductrice dans laquelle il risque toujours d'enfermer le mode opératoire d'un éventuel Dieu-Créateur. Elle peut même plus encore, car certains constats dressés par la science ne remettent pas seulement en cause la représentation de Dieu issue de la projection inconsciente du désir infantile de toute-puissance : ils invitent à changer aussi de regard sur ce que l'être humain considère habituellement comme des défauts de la création profondément révoltants, voire incompatibles avec l'existence d'un Dieu d'amour tout-puissant. Cette apparente incompatibilité se montre en effet sous un tout autre jour à la lumière de deux constats d'ordre scientifique à méditer tant leurs répercussions s'annoncent déterminantes.

Des imbrications évolutives complexes

Le premier de ces constats est fondé sur la découverte que l'Univers a une histoire et que cette histoire possède une cohérence interne par le biais d'étapes jugées rétrospectivement indispensables à l'évolution pour franchir les principaux seuils de complexité nécessaires au développement de la vie. L'histoire de l'humanité se révèle inséparable de l'histoire de l'Univers dans son ensemble, dans la mesure où toutes les étapes majeures de l'évolution ayant eu lieu depuis environ quatorze milliards d'années ont joué un rôle crucial dans l'apparition progressive des multiples éléments dont l'être humain allait être constitué. La formation des atomes l'illustre à merveille, depuis leur diversification grâce aux réactions cosmochimiques au cœur des étoiles jusqu'à leur diffusion dans tout l'Univers – et un jour sur la planète Terre – grâce à l'explosion finale des astres les ayant portés [4]. En découvrant l'exceptionnel potentiel de créativité et de fertilité rendu possible par la valeur précise des forces et des constantes fondamentales de l'Univers dès son commencement, en établissant que la moindre différence à leur niveau n'aurait plus permis l'existence d'éléments ultérieurement constitutifs du genre humain [5], en constatant également l'importance du franchissement de certains seuils de complexité lorsque l'évolution semblait parfois ne plus pouvoir progresser, en faisant ressortir la nécessité de chaque étape majeure de l'évolution pour parvenir à l'incomparable sophistication d'un être vivant doté d'une conscience capable d'apprendre à aimer [6], l'observation scientifique fut conduite à cet indéniable constat : l'apparition et l'évolution du genre humain ne pouvaient advenir dans n'importe quel environnement, mais uniquement dans celui qui posséderait les nombreux éléments et les propriétés précises en dehors desquelles il a été montré que jamais l'humanité n'aurait pu voir le jour. Dans la perspective d'une réflexion théologique, ce constat rend caduque toute spéculation relative à une toute-puissance magique apte à faire surgir n'importe quoi, n'importe quand, n'importe comment. Franchir cette première étape vers une vision plus mature et réaliste des défis qui auraient de toute façon incombé à tout Dieu-Créateur, c'est déjà ne plus nourrir tous ces rêves illusoires d'une création que d'aucuns auraient imaginée selon des normes à leurs yeux plus conformes à l'existence d'un Dieu d'amour.

Un deuxième constat d'ordre scientifique est susceptible de conduire encore plus loin tout questionnement relatif à un tel sujet. Il est intimement lié au fait que les innombrables imbrications entre ces diverses étapes de l'évolution sont à ce point subtiles et éminemment complexes qu'elles risquent parfois d'entraîner indirectement la manifestation de phénomènes qui, de tous temps, ont heurté la conscience humaine. Plus affinée que jamais, la compréhension des principaux rouages inhérents au fonctionnement de nombreux phénomènes naturels a permis de mettre en évidence cette vérité paradoxale : parmi les éléments les plus indispensables à l'émergence progressive d'une forme de vie évoluée se trouvent également ceux qui alimentent les phénomènes les plus meurtriers, à commencer par les catastrophes naturelles et nombre de maladies particulièrement nocives[7]. Tous ces phénomènes sont en effet constitués et donc tributaires – à des degrés, certes, fort divers, et selon un mode de fonctionnement spécifique à chacun – d'une multitude d'interactions entre des éléments qui ont permis à la vie de franchir des seuils tout à fait cruciaux pour son développement. En d'autres termes, l'observation scientifique de ces innombrables imbrications évolutives n'a cessé de mettre en évidence que même les éléments constitutifs des phénomènes les plus dangereux pour l'humanité ont joué un rôle, d'une manière ou d'une autre, dans l'apparition du genre humain. Cette vérité, en apparence si paradoxale, conduit à un constat des plus surprenants : la non-existence de ces phénomènes potentiellement dangereux – tant désirée par une humanité qui se prend parfois à rêver d'une création à ses yeux plus réussie – aurait en fait impliqué la non-existence des éléments qui ont rendu possible la vie humaine ! Dans la perspective d'une réflexion théologique, ce deuxième constat rend caduque toute spéculation relative à un Dieu-Créateur qui aurait pu choisir entre créer un monde comme celui dans lequel l'humanité évolue ou créer un monde semblable dans lequel il n'y aurait eu aucun risque d'effets secondaires dangereux pour ses créatures[8]. Franchir cette deuxième étape vers une vision plus mature et réaliste des défis qui auraient de toute façon incombé à tout Dieu-Créateur, c'est déjà ne plus s'appuyer sur cette fausse alternative qui s'empare si souvent d'une réflexion humaine encore trop dépendante de la projection du désir infantile de toute-puissance.

Renoncer à créer une conscience aimante ?

En invitant à ne plus demeurer dépendant de cette alternative illusoire, ce double constat conduit à prendre en considération une alternative qui tienne vraiment compte à la fois des étapes apparemment nécessaires à l'évolution de la vie, de la complexité de leurs imbrications évolutives et des risques susceptibles d'en découler pour tel ou tel organisme vivant. De plus, le discernement d'une alternative cohérente implique que cette lucidité d'ordre scientifique se double d'une lucidité d'ordre théologique, car cette alternative ne saurait reposer sur des spéculations théologiques incompatibles avec le projet ou la nature d'un Dieu-Créateur qui serait amour [9]. Une vigilance paraît donc nécessaire pour placer au cœur de ce discernement les critères les plus fidèles aux motivations premières qui habiteraient un Dieu d'amour. Un critère particulièrement apte à écarter nombre d'hypothèses incohérentes se trouve déjà contenu dans cette simple déduction : si un autre chemin avait existé pour créer un être conscient dont la capacité d'aimer aurait été supérieure à celle du genre humain, alors c'est ce chemin-là qu'un Dieu d'amour aurait emprunté et non celui observé ici-bas. Certes, nul ne peut affirmer que ce Dieu-Créateur aurait nécessairement été dans l'impossibilité d'opter pour une autre forme d'évolution ou pour un Univers aux propriétés encore différentes qui n'entraîneraient pas les mêmes conditionnements. Mais il semble indéniable qu'un Dieu d'amour n'aurait jamais conduit la création de l'humanité à travers des étapes limitées, parfois dangereuses et douloureuses, si un chemin moins risqué, plus direct ou plus prometteur avait été praticable. Un deuxième critère de cohérence et de lucidité théologique se doit d'être mis en évidence : pour qu'une authentique réciprocité d'amour divino-humaine devienne un jour réalisable, ce projet de création se devait de doter l'être humain d'un niveau de conscience et d'une capacité d'aimer suffisamment développés. Dans une telle perspective, le degré de développement requis échappe à toute connaissance humaine et vient envelopper ce défi d'une part de mystère : serait-il possible que le chemin de création observé ici-bas soit non seulement le plus prometteur mais peut-être même le seul à pouvoir garantir un degré de conscience et une capacité d'aimer assez élevés ? Un troisième critère mériterait également d'être pris en considération, un critère comportant lui aussi une part de mystère qui échappe à toute mesure humaine [10] : à partir du moment où un Dieu d'amour ne saurait agir de façon dictatoriale, il ne pourrait que dispenser un certain degré de liberté ou de relative autonomie aux multiples éléments de sa création en fonction de leur nature propre. Aux défis précédemment évoqués s'ajoute ainsi celui d'assurer, chez l'être humain, le développement d'un degré de liberté qui permette le consentement mutuel en dehors duquel une union d'amour divino-humaine ne saurait être authentique. En outre, un Dieu d'amour veillerait à attribuer d'autres degrés de liberté ou de relative autonomie à tous les organismes vivants et, dans la mesure du possible, à la matière elle-même. Ces divers degrés de liberté ou de relative autonomie expliqueraient en partie les innombrables tâtonnements fructueux ou infructueux constatés tout au long de l'évolution, collaborant ainsi à leur manière à la continuelle exploration créatrice accomplie par ce Dieu d'amour : malgré les nombreux impératifs en termes de précision, de synchronisation et autres paramètres apparemment nécessaires au franchissement de certains seuils de complexité, un tel Dieu-Créateur n'aurait-il pas tenu à mettre en place cet exceptionnel potentiel de créativité et de fertilité afin que son ingéniosité créatrice puisse ainsi explorer le chemin le plus apte à produire un être conscient capable d'apprendre à aimer ?

En définitive, pour un discernement attentif à tenir compte simultanément de la réalité des faits, de leur complexité, voire de leur nécessité, et des motivations susceptibles de correspondre à un amour divin, l'hypothèse la plus conséquente serait plutôt celle d'un Dieu-Créateur confronté à une alternative autrement radicale que ne se l'imagine l'être humain sous l'influence du désir infantile de toute-puissance : passer par des étapes aux conséquences comparables à celles que l'humanité a sous les yeux ou renoncer à créer un degré de conscience et une capacité d'aimer suffisamment élevés pour vivre une réciprocité d'amour divino-humaine !

Une réciprocité d'amour qui n'aura pas de fin

Intérioriser un tel dilemme, c'est se donner les moyens de franchir une grande étape sur le chemin d'une perception toujours plus lucide de l'immensité des véritables enjeux, équilibres et défis à relever pour un Dieu-Créateur qui serait amour. D'un point de vue psychologique, cette étape se révèle d'autant plus méritoire que toute tentative de faire le deuil des diverses déclinaisons théoriques d'un Dieu-Magicien soulève en chacun des résistances internes dont les derniers sursauts se manifestent avec une intensité proportionnelle à l'enracinement du désir inconscient de toute-puissance. D'un point de vue philosophique et théologique, cette étape se révèle d'autant plus décisive qu'elle ébranle fortement le socle sur lequel repose l'impression d'une incompatibilité entre certaines manifestations du mal et l'existence d'un Dieu d'amour tout-puissant – socle qui n'est autre que la représentation en partie inconsciente d'un Dieu-Magicien en mesure de guider une évolution similaire sans aucun risque d'effets secondaires indésirables. À la fois théologien et scientifique de renom, Pierre Teilhard de Chardin fut l'un des premiers à avoir tenté d'approfondir le bouleversement de perspective qu'allait engendrer une compréhension grandissante de l'évolution de l'Univers et de la vie sur Terre, tout animé qu'il était par cette intime conviction : « À ce problème [du mal], il est vrai, une meilleure perspective de l'Univers où nous nous trouvons pris est en train d'apporter un commencement de réponse [a]. » Cette perspective ouvre en effet un chemin de compréhension et même de réconciliation avec ce monde tel qu'il fonctionne : un chemin de réconciliation pour tous ceux qui prendront au sérieux l'importance des étapes évolutives, des innombrables éléments, propriétés et autres paramètres à respecter pour que ce monde puisse donner naissance à une vie suffisamment consciente et aimante ; un chemin de réconciliation pour tous ceux qui verront que ce qu'ils ont de plus cher – et vécu de plus beau – ici-bas n'aurait jamais existé sans les éléments qui risquent parfois d'alimenter indirectement les phénomènes les plus révoltants ; un chemin de réconciliation pour tous ceux qui, en s'interrogeant sur les véritables motivations qui auraient poussé un Dieu d'amour à préférer l'existence de ce monde à sa non-existence, soupçonneront un dessein encore plus grand que ne le laissent présager les apparences inhérentes au cadre limité de leur vie terrestre : le dessein d'avoir créé une conscience aimante en vue de vivre un jour avec elle une réciprocité d'amour éternelle.

Indépendamment même du futur cheminement et des interrogations des uns ou des autres, l'observation des étapes majeures de l'évolution demeure une précieuse indication pour toute quête de sens qui ne voudrait plus rester prisonnière d'une représentation de Dieu conditionnée par la

a. *Sur la souffrance*, Paris, Seuil, 1974, p. 118.

projection du désir infantile de toute-puissance : si Dieu d'amour tout-puissant il y a, la toute-puissance de son amour divin n'est pas identifiable à une puissance magique née de rêves illusoires, mais plutôt à une énergie d'amour créatrice en continuelle activité qui ne se serait laissé décourager ni par les multiples obstacles et risques en tout genre inhérents à la mise en place d'une telle évolution – risques éventuellement aggravés par ses créatures lors d'un mauvais usage de leur liberté – ni par l'extrême complexité et précision requises en termes de propriétés, de constantes, de synchronisations multiples et d'adaptations ingénieuses en vue de l'émergence progressive d'une conscience capable d'apprendre à aimer[11]. En méditant sur cette facette très concrète d'un amour divin inébranlable dans sa détermination à faire exister une autre conscience aimante, Pierre Teilhard de Chardin avait même eu l'audace d'écrire : « L'Amour est la plus universelle, la plus formidable, et la plus mystérieuse des énergies cosmiques. [...] La manière la plus expressive, et la plus profondément vraie, de raconter l'Évolution universelle serait sans doute de retracer l'Évolution de l'Amour[a]. »

Cette représentation de la toute-puissance divine a en tout cas le mérite d'être à la fois vraiment conforme à l'observation des faits et pleinement cohérente avec un Dieu d'amour qui s'y serait de toute façon pris différemment s'il lui avait semblé envisageable d'aboutir plus directement à un résultat similaire ou supérieur. Elle illustre de nouveau combien cette vigilance à ne pas demeurer trop dépendant de la projection inconsciente de son propre désir de toute-puissance peut offrir à chacun la possibilité de moins défigurer toute croyance qui établit un lien entre le mystère de Dieu et le mystère de

a. *Sur l'Amour*, Paris, Seuil, 1967, p. 7 et 10.

l'amour. Dans la Bible, où ce lien est primordial, la notion de toute-puissance est d'ailleurs rendue par le vocable grec *Pantocrator* qui signifie en réalité « Celui qui tient tout », qui a toute l'histoire entre ses mains, c'est-à-dire Celui qui a le pouvoir et la détermination de conduire sa création à son terme. Il ne s'agit donc pas d'un quelconque pouvoir magique, mais d'une volonté et d'une capacité à réaliser jusqu'au bout l'ultime raison d'être de l'évolution, celle que l'apôtre Paul décrit en ces termes : « Dieu nous a élus dès avant la fondation du monde pour être saints et immaculés en sa présence dans l'amour[a]. » Pour la révélation chrétienne, toute cette évolution a pour but de faire exister un être conscient que ce Dieu-Créateur pourra ensuite faire entrer dans sa propre dimension afin d'y vivre un amour avec lui ; c'est pourquoi elle considère que la création ne sera réellement achevée que lorsque chacun sera ressuscité. À ses yeux, seule la résurrection – et non la vie terrestre – révèle pleinement le véritable visage de ce projet créateur et confère rétrospectivement toute sa valeur à chacune des étapes qui l'ont rendu possible, un peu comme la beauté d'un tableau ne saurait être perçue dans tout son éclat avant que le peintre ne l'ait vraiment achevé[12]. Se trouve ainsi adressée à chacun une invitation à convertir son propre regard sur ce monde et sur le projet d'un Dieu d'amour qui l'aurait créé.

Quelles que soient les convictions des uns ou des autres dans un tel domaine, force est de constater tout au moins la cohérence qui se dégage de cette confiance en un Dieu d'amour tout-puissant désireux de vivre une relation éternelle avec le plus beau fruit de sa création : rien ne serait plus contradictoire et plus absurde que d'avoir tout mis en œuvre,

a. Épître aux Éphésiens, chapitre 1, verset 4.

pendant environ quatorze milliards d'années, en vue de l'émergence d'une conscience capable d'apprendre à aimer, si c'était pour la renvoyer ensuite au néant comme si elle n'avait jamais existé. Or la motivation inhérente à cette perspective d'une relation d'amour éternelle renforce plus que jamais les deux traits les plus spécifiques de ce nouveau visage d'une toute-puissance divine en partie libérée de certains déterminismes de l'inconscient : une prodigieuse ingéniosité créatrice et une détermination sans faille [13], toutes deux si caractéristiques d'un amour prêt à braver tous les obstacles pour ne rien laisser le séparer d'un être aimé dont la liberté sera toujours infiniment respectée. Ces traits apparaissent suffisamment spécifiques d'un amour authentique pour que chacun – croyant ou non – soit attentif à ne plus laisser sa quête de sens dépendre d'une projection psychologique illusoire qui nourrit à son insu un sentiment d'incompatibilité finalement non justifié : le fonctionnement et les aléas de ce monde ne contredisent pas l'existence d'un amour divin dont la toute-puissance serait dès l'origine au service de la création d'un être conscient en mesure de mener un jour avec Dieu une réciprocité d'amour qui n'aura pas de fin.

Sentiment de culpabilité et peurs secrètes de Dieu

Projections inconscientes et représentations d'un jugement divin

Parmi les projections inconscientes préjudiciables à tout questionnement d'ordre spirituel, les plus néfastes sont peut-être celles qui poussent l'être humain à se représenter Dieu – qu'il croie ou non à son existence – comme l'Être qui pourrait le juger sévèrement, le punir, voire le rejeter. Au fur et à mesure que cette deuxième partie démasquera l'identité et l'origine véritables de telles projections, elle permettra de se libérer progressivement de ces peurs secrètes qui, inséparables d'une réelle difficulté à se croire digne d'être aimé, conduisent souvent à un refoulement de la question de Dieu ou à une vie intérieure plus paralysante qu'épanouissante. Se dévoilera peu à peu la représentation d'un jugement divin très éloigné de ce que l'être humain risque toujours de s'imaginer à la suite d'un difficile face-à-face avec lui-même, notamment lorsqu'il se trouve aux prises avec un sentiment de culpabilité plus ou moins diffus.

Un difficile face-à-face avec soi-même

Démasquer l'identité et l'origine véritables de ces projections inconscientes implique d'abord la reconnaissance d'un fait : tout être humain est habité par des peurs. Ces dernières peuvent s'étendre de la simple peur d'être déçu ou incompris jusqu'à celle d'être mal aimé, voire abandonné. Cependant, elles ne se réduisent pas à des peurs clairement identifiables ou forcément conscientes : certaines d'entre elles hantent les méandres du psychisme humain sous des formes plus cachées, plus subtiles, parfois même totalement inconscientes, mais néanmoins suffisamment présentes en chacun pour avoir une influence sur sa manière de concevoir une éventuelle attitude divine à son égard. Ces peurs peuvent conduire les uns à se maintenir dans une prétendue indifférence religieuse, à se tenir à distance en évoquant des raisons qui s'apparentent souvent davantage à des prétextes qu'au fruit d'un cheminement véritablement mûri. Ces mêmes peurs peuvent aussi conduire les autres vers une spiritualité entièrement dépendante d'une multitude de conditions à remplir en dehors desquelles ils pensent ne pas pouvoir être aimés de Dieu, au point que leur vie intérieure, voire leur vie tout court, en devient parfois comparable à une prison où règnent des interdictions dont leurs proches risquent également d'être les victimes. Pour les uns comme pour les autres, l'épanouissement d'une quête de sens authentique ou d'un cheminement spirituel passe par une compréhension affinée de ce processus inconscient.

Contrairement à une opinion assez répandue, ces diverses peurs secrètes de Dieu ne se développent pas seulement au contact d'une éducation religieuse ou parentale qui aurait été maladroite ou relativement sévère. Certes, bien des peurs se renforcent par le biais d'un discours ayant véhiculé une image de Dieu plutôt stricte, ainsi que sous le joug d'une sévérité parentale dont l'influence est d'autant moins négligeable que le transfert psychologique le plus commun dans la représentation de Dieu est précisément celui de l'image parentale. En outre, tout enfant a tendance à assimiler subjectivement un certain langage éducatif – « si tu agis bien, tu seras récompensé, mais si tu agis mal, tu seras puni » – à une forme de chantage affectif, comme si l'amour que ses parents lui portent était en jeu, ce qui contribuera souvent à renforcer en lui cette impression que même un Dieu d'amour ne saurait l'aimer sans qu'il ait rempli au préalable telle ou telle condition. Si tous ces éléments ont indéniablement des répercussions sur les représentations spontanées de Dieu qui habitent de nombreuses personnes se disant « croyantes » ou « non-croyantes », il n'en demeure pas moins que la véritable source de ces peurs secrètes d'être mal aimé, d'être jugé sévèrement, d'être puni, voire d'être rejeté se situe à un niveau beaucoup plus profond que la zone d'influence du seul contexte éducatif ou d'éventuelles pressions extérieures. Cette source se révèle en effet indissociable d'une étape inhérente à l'évolution psychologique de tout être humain sans exception, étape qui voit certaines données de l'inconscient remonter à la frontière de la conscience et confronter chacun à ses ténèbres intérieures, à ses pulsions agressives, à des facettes de son histoire et de sa personnalité qui lui déplaisent, l'inquiètent, voire le perturbent au point d'alimenter un certain malaise intérieur. Ce délicat face-à-face avec lui-même, en attisant la difficulté à se croire digne d'être aimé – et donc à se laisser aimer –, pousse l'être humain à se représenter Dieu comme l'Être qui pourrait le juger sévèrement à cause des facettes de sa personnalité avec lesquelles il n'est pas encore parvenu à se réconcilier. Pour chacun, le risque demeure élevé de projeter inconsciemment sur Dieu la sévérité de son propre regard, la sévérité du regard posé sur soi-même. Cette sévérité personnelle se révèle parfois aussi inconsciente que la projection qu'elle suscite, tant il est vrai que seul l'inconscient a pleinement accès à certaines facettes refoulées qu'il réprime souvent durement. En d'autres termes, quelle que soit la lucidité d'un être humain face au degré de sévérité de son propre regard sur ce qu'il n'aime pas de sa personne, une partie de lui-même se trouve habitée par ce malaise intérieur inséparable d'un certain sentiment de culpabilité.

En nourrissant activement la projection inconsciente de cette sévérité personnelle sur un éventuel regard divin, ce malaise intérieur peut fausser le cheminement de ceux qui se posent la question de Dieu comme de ceux qui mènent déjà une vie intérieure : chez les uns comme chez les autres, la représentation de Dieu risque de demeurer dépendante de cette réelle difficulté à se croire dignes d'être aimé. De plus, lorsque le poids de ce difficile face-à-face avec soi-même, de ce sentiment de culpabilité enfoui très profondément en chacun n'est pas connu ou insuffisamment pris en considération dans l'élaboration d'un certain langage théologique, alors ce qui aurait pu être entendu comme une « bonne nouvelle » en vient parfois à être perçu comme une mauvaise [14] ! Ce n'est pas un hasard si, au milieu d'une réflexion théologique ou d'une lecture biblique évoquant des réalités particulièrement belles, il suffit d'une seule expression quelque peu ambivalente, alimentant par exemple une quelconque ambiguïté sur l'amour divin, pour que ce soit précisément cette formulation-là qui retienne l'attention et bouscule intérieurement : elle n'aurait sans doute pas trouvé un tel écho sans la présence souterraine du malaise intérieur nourri par ce sentiment de culpabilité plus ou moins inconscient.

Une fois cette influence constatée, la question se pose : comment se libérer progressivement de cette projection de la sévérité de son propre regard sur un éventuel regard divin posé sur soi ? Ce processus psychologique s'enracinant dans les profondeurs de l'être et restant toujours à l'affût de la moindre opportunité à exploiter, la connaissance de son influence ne marque malheureusement qu'une première étape sur un chemin où il s'agit moins d'espérer se libérer définitivement de cette projection que de devenir attentif à échapper régulièrement à son emprise. Certes, cette première étape demeure indispensable pour commencer à limiter l'influence d'une telle projection, puisqu'elle permet de reconnaître son rôle dans toute représentation sévère de Dieu et donc de remettre en cause légitimement la justesse de celle-ci : se trouve ainsi dégagé un espace intérieur où il devient possible d'envisager une nouvelle représentation de Dieu, d'entendre une évocation de Dieu sans qu'elle devienne d'emblée la proie facile de cette défiguration inconsciente. Cependant, une deuxième et même une troisième étapes se révèlent tout aussi indispensables, dans la mesure où elles permettent de renouveler à la fois le regard posé sur soi-même et le regard attribué à Dieu, notamment grâce à leur aptitude à faire se rencontrer, s'interpeller et s'écouter respectueusement l'apport spécifique de la psychologie et l'apport non moins spécifique de la révélation chrétienne. La deuxième étape consiste fondamentalement en une compréhension plus affinée des diverses origines du sentiment de culpabilité au sein de l'évolution psychologique de chacun, compréhension susceptible d'écarter bien des jugements sur soi-même et des représentations de Dieu aussi illusoires que dommageables à tout cheminement intérieur. Quant à la troisième étape, elle consiste davantage en une tentative de cerner plus objectivement ce que pourrait être le regard d'un Dieu-Créateur sur ce que l'être humain n'aime pas de lui-même – tentative qui souhaiterait stigmatiser une certaine forme de culpabilité non justifiée et amorcer la guérison d'une certaine forme de culpabilité justifiée, tout en posant les jalons d'une authentique réconciliation avec soi-même.

Aux origines du sentiment de culpabilité

Pour mieux cerner les diverses origines du sentiment de culpabilité au cours de cette deuxième étape, il importe avant tout d'accéder à une vision d'ensemble, si schématique soit-elle, des principaux stades du développement psychologique de l'être humain au cours des quatre premières années de son existence. Un des apports majeurs de la psychanalyse est en effet d'avoir mis en évidence qu'un sentiment de culpabilité s'enracine très profondément en chacun dès la petite enfance, sentiment de culpabilité qu'elle distingue de celui auquel le langage courant fait habituellement allusion lorsqu'il évoque le remords d'avoir réellement commis dans sa vie tel ou tel acte jugé – à tort ou à raison – répréhensible. Cette seconde forme de culpabilité sera abordée ultérieurement, mais la priorité revient aux rouages de la toute première émergence du sentiment de culpabilité, car ceux-ci sont d'autant plus redoutables qu'ils impriment leur marque sur les profondeurs de la personne dès son plus jeune âge et que même leur existence théorique demeure peu connue.

La psychanalyse considère l'émergence du sentiment de culpabilité dans la petite enfance comme le fruit du développement des pulsions agressives de l'enfant ; ces pulsions agressives peuvent atteindre des proportions tellement terrifiantes dans l'imaginaire infantile que le sujet se culpabilise inconsciemment de pouvoir être habité par de tels fantasmes de destruction, de haine et même de meurtre. Pour cette pionnière de la psychanalyse des enfants que fut Melanie Klein dès les années 1920, ce constat surprenant ne laissait déjà planer aucun doute : « Je sais par expérience combien il est difficile de faire admettre que ces idées révoltantes correspondent à la réalité, mais les analyses des tout jeunes enfants ne permettent pas d'en douter, car elles nous offrent avec précision et évidence le spectacle des cruautés imaginaires qui accompagnent ces désirs dans toute leur abondance, leur force et leur multiplicité[a]. » Mais comment de telles pulsions agressives peuvent-elles naître puis se développer de la sorte chez l'être humain ?

L'émergence de la vie est déjà en elle-même un combat contre le néant et la mort, si bien que tout être vivant a besoin de disposer à la base d'un minimum d'agressivité pour survivre. Sigmund Freud note une lutte permanente dès la naissance pour s'arracher au néant, lutte au plus profond de l'être entre une pulsion de vie qu'il baptise « Éros » et une pulsion de mort qu'il nomme « Thanatos » ; le psychanalyste Jean-Pierre Chartier décrit cette première manifestation d'agressivité en ces termes : « L'agressivité apparaît alors comme l'expulsion vers le dehors d'une force destructrice originairement dirigée contre le sujet lui-même[b]. » Ce potentiel d'agressivité connaît au cours des toutes premières années

a. *La psychanalyse des enfants*, Paris, PUF, « Quadrige », 2004, p. 144.
b. *Introduction à la pensée freudienne*, Paris, Payot, 1993, p. 145.

un développement spectaculaire à la suite de trois événements majeurs qui auront de lourdes répercussions sur le sentiment de culpabilité ressenti par l'enfant et sa sévérité envers lui-même : la période de sevrage, l'apparition du complexe d'Œdipe et la formation de ce que Sigmund Freud appelle le « Surmoi ».

La période de sevrage constitue un premier palier dans le développement de pulsions agressives chez l'enfant, car le bébé saisit à ce moment-là que le sein maternel ne fait pas partie de lui-même, qu'il ne dispose pas à volonté de la source de sa principale sensation de plaisir et de réconfort, si bien que l'image de sa mère devient désormais ambivalente, à la fois source de bonheur et de malheur, d'amour et de haine. Melanie Klein n'hésite pas à l'affirmer : « Le bébé est alors dominé par des tendances à détruire la personne même qui est l'objet de tous ses désirs et qui, dans son esprit, est étroitement liée à tout ce qu'il éprouve, le bon comme le mauvais[a]. »

L'apparition du complexe d'Œdipe fait franchir un nouveau seuil à l'agressivité de l'enfant : son envie croissante de s'unir au parent de sexe opposé, d'en disposer pour lui tout seul, suscite dans son inconscient le souhait de faire disparaître le parent de même sexe, désormais considéré comme un rival. Cette agressivité finit par se diriger également vers le parent de sexe opposé, d'une part à cause de la simultanéité d'un phénomène d'identification, d'admiration et de complicité avec le parent de même sexe, désiré lui aussi de façon exclusive (c'est la forme dite « négative » du complexe d'Œdipe), et d'autre part à cause, justement, de l'impossibilité de s'unir au parent de sexe opposé : « L'objet principal de tous les désirs sexuels : le père chez la fille, la mère chez le garçon, éveille

---

a. *L'amour et la haine*, Paris, Payot, 2001, p. 86-87.

haine et vengeance parce que ces désirs ne sont pas satisfaits[a]. » C'est une des raisons pour lesquelles Sigmund Freud souligne le lien indirect entre l'intensité des pulsions sexuelles et celle des pulsions agressives qui, devant être contenues par l'enfant, se retourneront contre lui en un sentiment de culpabilité : « L'empêchement de la satisfaction érotique entraîne une certaine agressivité contre la personne qui empêche cette satisfaction, et il faut que cette agressivité soit à son tour réprimée[b]. »

Ainsi, des pulsions agressives d'une extrême violence envers ses propres parents s'emparent inconsciemment de l'enfant[15], au point de devenir la source d'une culpabilité et d'une sévérité envers lui-même particulièrement développées lorsque son « Surmoi » sera formé : « Le Surmoi, explique Jean-Pierre Chartier, [...] est une instance interdictrice inconsciente. L'enfant, par peur de perdre l'amour de ses parents, intériorise les interdits familiaux, les jugements moraux et les exigences de son environnement. [...] Ce Moi ainsi modifié fonctionne comme un juge internalisé qui sanctionne parfois férocement[c]. » Si la sévérité de ce Surmoi se révèle dépendante des « interdits familiaux » et des « jugements moraux » désormais intériorisés, elle se trouve accentuée, selon Sigmund Freud, par l'intensité même des pulsions agressives du sujet, la rigueur du Surmoi se montrant en quelque sorte proportionnelle à leurs tendances destructrices : « L'action exercée sur la conscience par ce renoncement [à l'agression] est telle que toute fraction d'agressivité que nous nous abstenons de satisfaire est reprise par le Surmoi et accentue sa propre agressivité

a. *Ibid.*, p. 94.
b. *Malaise dans la civilisation*, Paris, PUF, 1971, p. 98.
c. *Introduction à la pensée freudienne*, *op. cit.*, p. 141.

contre le Moi[a]. » Il en ressort que cette sévérité du Surmoi concerne tous les enfants et non uniquement ceux qui auraient eu à intérioriser une éducation parentale particulièrement sévère : d'une part, chaque enfant connaît inévitablement au cours de son évolution psychologique des pulsions agressives en grande partie indépendantes de son milieu de vie ; d'autre part, même la gentillesse des parents peut contribuer paradoxalement à nourrir cette sévérité du Surmoi, car l'enfant se culpabilisera de ressentir de telles pulsions agressives à l'égard de parents aussi bons : « Un père exagérément faible et indulgent donnera occasion à l'enfant de se constituer un Surmoi excessivement sévère, parce qu'un tel enfant, sous l'impression de l'amour dont il est l'objet, n'a d'autre issue que de retourner son agression vers l'intérieur[b]. » Et Sigmund Freud d'ajouter : « [L'angoisse devant le Surmoi], étant donné l'impossibilité de cacher au Surmoi la persistance des désirs défendus, pousse en outre le sujet à se punir[c]. »

---

a. *Malaise dans la civilisation*, *op. cit.*, p. 86.
b. *Ibid.*, p. 88.
c. *Ibid.*, p. 84.

Ne plus confondre son Surmoi avec Dieu

Cette trame inconsciente derrière laquelle se cachent les racines mêmes d'un malaise intérieur, d'une difficulté à s'aimer soi-même, d'une réticence à se croire digne d'être aimé, d'une sévérité à l'égard de soi souvent projetée inconsciemment sur un éventuel regard divin, demeure si profondément ancrée dans le psychisme qu'elle laisse des traces tout au long de la vie. Ces traces semblent plus visibles à l'adolescence où le nouveau seuil franchi dans le développement de la sexualité réactive le complexe d'Œdipe et suscite une recrudescence des pulsions agressives, amplifiant par la même occasion un malaise intérieur si caractéristique de cette période de l'existence. En apparence moins manifestes à l'âge adulte, ces traces continuent néanmoins à exercer leur influence, même si, d'après Melanie Klein, le Surmoi atteint son plus haut degré de sévérité lors de la petite enfance : « C'est précisément le Surmoi primitif qui est d'une sévérité toute particulière. [...] J'ai constaté en outre que les exigences et les interdictions du Surmoi ne sont pas moins inconscientes chez le jeune enfant que chez l'adulte[a]. » Devient alors clairement identifiable l'un des plus grands dangers qui menacent à tout âge la représentation que chacun – croyant ou non-croyant – se fait spontanément de Dieu : confondre inconsciemment le mystère même de Dieu avec le Surmoi, c'est-à-dire avec ce « juge internalisé qui sanctionne parfois férocement », tout droit sorti d'une intériorisation des interdits parentaux, des jugements moraux de son environnement et de l'intensité de ses propres pulsions agressives. C'est l'une des raisons majeures pour lesquelles Sigmund Freud a eu tendance à voir dans la religion le fruit illusoire de projections inconscientes. Force est de constater la pertinence de son jugement lorsque la représentation de Dieu se confond effectivement avec le Surmoi. Cependant, il importe de ne pas se méprendre à ce sujet : ne serait-ce pas l'un des grands mérites d'une meilleure connaissance du psychisme, et donc de l'apport spécifique de la psychologie, que de libérer toujours plus l'être humain d'éventuelles illusions religieuses, non pas afin qu'il en use comme d'un prétexte facile pour renoncer à tout approfondissement spirituel, mais afin qu'il dispose désormais des moyens d'effectuer, s'il le souhaite, une quête de Dieu plus digne de confiance ? De fait, c'est lorsque grandit une attention à ne plus rester entièrement dépendant des mauvais tours joués par certaines projections inconscientes, c'est lorsque gagne en maturité une capacité à remettre en cause et à convertir les représentations spontanées de Dieu, qu'il devient possible à chacun de s'ouvrir davantage à bien des découvertes inattendues et d'avancer ainsi sur le chemin d'une quête spirituelle toujours plus authentique.

---

a. *La psychanalyse des enfants*, *op. cit.*, p. 153.

Si cette deuxième étape invite à ne plus calquer la représentation d'un quelconque jugement divin sur la sévérité du Surmoi, à ne plus se laisser influencer dans ce domaine par le sentiment de culpabilité et les peurs secrètes qui hantent tout psychisme, elle ne révèle pas pour autant en quoi ce jugement divin différerait de celui des hommes. Une troisième étape prend alors tout son sens : tenter de percevoir ce que pourrait être le regard d'un Dieu-Créateur sur ce que l'être humain n'aime pas de lui-même. Cette tentative conduit à se mettre à l'écoute de ce que la psychologie et la révélation chrétienne peuvent s'apporter mutuellement au sujet des deux principales formes de culpabilité qui s'emparent du cœur humain : celle, plus inconsciente, qui vient d'être évoquée à travers les facettes les plus obscures de la personne où s'entremêlent inextricablement des pulsions qui la dépassent ; puis celle, plus consciente, qui produit un remords après avoir accompli tel ou tel acte jugé répréhensible.

Vers un regard à la fois lucide et bienveillant

Dans l'existence à première vue révoltante, voire effrayante, de ces pulsions agressives très précoces, dans les stades les plus fondamentaux de leur évolution interne comme de leur répression par les parents et par le Surmoi, la psychologie a su discerner des réalités non seulement positives et constructives, mais surtout nécessaires à l'épanouissement ultérieur de la capacité relationnelle – et notamment de la capacité d'aimer – de l'être humain. De fait, n'est-ce pas le minimum d'agressivité, présent dès le commencement de son existence, qui garantira sa survie, aussi bien dans les combats qu'il devra mener contre des dangers extérieurs que dans sa lutte intérieure contre cette pulsion de mort qui tentera constamment de le tirer vers le bas ? N'est-ce pas la force impétueuse de son désir de continuer à goûter une certaine forme de plaisir et de plénitude lors de la succion du sein maternel qui soutiendra plus tard sa capacité à rechercher ce qui lui fera plaisir et ce qui fera plaisir à ceux qui l'aiment, tout en restant secrètement habité par une quête de plénitude qui, d'une certaine manière, l'aidera à vivre et à espérer ? N'est-ce pas le refus de sa mère de céder à son aspiration fusionnelle qui lui permettra de ne pas régresser intérieurement, mais de devenir toujours davantage une personne à part entière, une personne appelée à découvrir, à développer et à exprimer ce qu'elle est au plus profond d'elle-même, une personne appelée à connaître un jour une union d'amour dont l'intensité n'aura rien à envier à l'union de la fusion mais qui se réalisera alors dans une altérité respectée ? N'est-ce pas l'intensité de son aspiration œdipienne à s'unir au parent de sexe opposé, indirectement à l'origine de ses désirs meurtriers inconscients envers son autre parent, qui révèle la présence d'une puissante soif d'être aimé et d'aimer, celle-là même qui caractérisera à l'âge adulte ce qu'il y aura de plus beau en lui et le rendra capable, s'il le désire, de donner à l'amour la première place dans son existence ? N'est-ce pas grâce au refus du parent de sexe opposé de satisfaire ses désirs œdipiens, ce refus qui provoque tant d'agressivité refoulée, qu'il deviendra en mesure de vivre une véritable réciprocité d'amour avec une autre personne rencontrée sur son chemin en temps voulu ? Enfin, n'est-ce pas la répression opérée par son Surmoi contre ses pulsions agressives qui, outre le contrôle nécessaire à une vie commune, permet tout de même que se développe en lui, par la culpabilité que cette répression suscite, un désir de réparer ce mal fantasmatique, contribuant ainsi à épanouir indirectement sa propre capacité d'être attentif à réaliser le bonheur de ses proches ? Melanie Klein ose souligner cet usage constructif des facettes les plus obscures de l'être humain : « Dans l'inconscient de l'enfant et de l'adulte, à côté des pulsions destructrices, il existe un besoin profond de se sacrifier afin d'aider et de réparer les personnes aimées auxquelles on a fait du mal ou que l'on a détruites en fantasme. Le besoin de rendre les gens heureux est lié dans les profondeurs de l'esprit à un fort sentiment de responsabilité et d'inquiétude à leur égard, qui se manifeste sous la forme d'une sympathie authentique pour les autres et d'une aptitude à les comprendre tels qu'ils sont[a]. » À ses yeux, ces pulsions agressives jouent d'ailleurs un rôle constructif dans de nombreux domaines : « L'agressivité et la haine (cette dernière atténuée et, dans une certaine mesure, compensée par la capacité d'aimer) sont grandement utilisées d'une manière constructive ("sublimées" ainsi qu'on le dit). Il n'existe pas, en fait, d'activité fertile sans que n'y entre, sous une forme ou une autre, une certaine dose d'agressivité[b]. »

Cette vision d'ensemble sur le long terme entraîne un complet retournement du regard spontanément posé sur ces diverses pulsions et sur les stades de l'évolution psychologique qui les suscitent en chacun : loin de devoir être considérés négativement et de continuer à nourrir une forme de culpabilité finalement non justifiée, ils peuvent être situés à leur juste place, comme autant d'éléments et d'étapes sans lesquels l'être humain n'aurait pas les moyens psychiques de devenir un jour une personne en mesure de mener des relations aussi constructives et épanouissantes que possible[16]. Le constat dressé à l'encontre de l'histoire de l'Univers, de ses origines jusqu'à l'apparition de l'être humain, se révèle également applicable à l'histoire personnelle de chacun : quels que soient leurs limites et leurs éventuels effets secondaires indésirables, toutes les étapes précédemment décrites sont indispensables pour susciter un être vivant capable d'apprendre à aimer[17]. Sur chacune d'entre elles, il devient alors possible de poser un regard à la fois lucide et bienveillant, voire de ressentir une reconnaissance pour ce qui, sans elles, n'aurait pu exister.

---

a. *L'amour et la haine*, *op. cit.*, p. 96.
b. *Ibid.*, p. 97.

« Dieu est plus grand que notre cœur »

Si l'apport des connaissances psychologiques sur le fonctionnement de l'être humain permet ainsi à chacun de poser un regard à la fois lucide et bienveillant sur soi-même, il fournit aussi des indications précieuses à quiconque souhaiterait cerner plus objectivement ce que pourrait être le regard d'un Dieu-Créateur sur les étapes et les éléments constitutifs du psychisme humain. Qui serait le mieux placé pour bénéficier d'une vue d'ensemble de ces multiples étapes et connaître la véritable valeur de ces divers éléments, y compris des facettes les plus obscures du psychisme, sinon un Dieu qui aurait créé l'être humain en choisissant précisément de le faire passer par chacune de ces étapes ? C'est là une raison objective – autrement fiable qu'une projection inconsciente illusoire – d'avoir confiance dans le fait que personne ne saurait être en effet mieux placé qu'un Dieu-Créateur pour poser ce regard à la fois lucide et bienveillant sur ce qui pousse l'être humain, en partie inconsciemment, à se croire indigne d'être aimé. Si la révélation biblique en rend déjà compte dès ses premiers versets : « Dieu vit tout ce qu'il avait fait : cela était très bon[a] », elle l'exprime d'une manière particulièrement bouleversante dans la Première Épître de l'apôtre Jean : « Si notre cœur venait à nous condamner, Dieu est plus grand que notre cœur et il connaît tout[b][18]. »

« Il connaît tout » signifie, entre autres, qu'il connaît, en tant que Créateur, non seulement toutes les précieuses observations réalisées et réalisables par la science d'aujourd'hui et de demain en vue de toujours mieux comprendre le comment du fonctionnement psychique de l'être humain, mais aussi et surtout qu'il en connaît le pourquoi véritable, le sens ultime. Or ce sens, ce pourquoi, qui représente l'apport spécifique de la religion quand il s'agit d'interpréter les phénomènes observés par la science, vient éclairer sous un angle complémentaire la raison d'être de ces pulsions agressives et sexuelles qui se trouvent à l'origine du sentiment de culpabilité. À la lumière de la vision chrétienne de l'histoire, selon laquelle l'évolution dans son ensemble a pour but de faire émerger un être capable de vivre un jour avec Dieu une union d'amour éternelle, la raison d'être de ces pulsions et la puissance si surprenante avec laquelle elles se manifestent prennent un tout autre relief : à partir du moment où l'être humain serait depuis toujours destiné à une union d'amour ultime, absolue et illimitée, et où les profondeurs de son être auraient été créées de manière à y correspondre, il n'y a plus à être surpris de l'intensité à première vue si déconcertante, voire si choquante, avec laquelle le bébé aspire tout d'abord à une plénitude fusionnelle avec le sein maternel, ou de l'intensité avec laquelle le petit enfant aspire ensuite à une union amoureuse avec le parent de sexe opposé, ou encore de l'intensité

a. Livre de la Genèse, chapitre 1, verset 31.
b. Chapitre 3, verset 20.

avec laquelle ce même enfant, dans l'impossibilité de voir ses aspirations satisfaites, en vient à être habité par des pulsions terriblement agressives à connotation meurtrière [19]. Comment un Dieu-Créateur pourrait-il ne pas poser un regard des plus bienveillants sur une telle intensité, alors qu'il serait, par sa nature divine, le seul à connaître l'intensité incomparable de cette union d'éternité à laquelle il a destiné sa créature ?

Discerner le mystère d'une beauté intérieure

À cette bienveillance emplie de lucidité, la représentation d'un regard divin posé sur soi se devrait d'ajouter la capacité de ce Dieu-Créateur à ne pas s'arrêter aux apparences et à discerner chez l'être humain les germes d'une beauté intérieure, même lorsque celle-ci est profondément enfouie sous des manifestations infantiles ou immatures qui défigurent encore l'amour ou ne lui permettent pas d'atteindre sa pleine stature : pour avoir lui-même déposé en chacun une puissante aspiration à connaître une plénitude dans l'amour, ce Dieu-Créateur serait de nouveau le mieux placé pour savoir que cette beauté intérieure caractérise l'identité véritable de l'être humain. Aux yeux de ceux et celles qui ne souhaitent pas non plus s'arrêter aux apparences, la présence de cette puissante aspiration à connaître une plénitude dans l'amour ne devient-elle pas le signe qu'ils ne se trouvent plus seulement en présence de simples pulsions fonctionnelles, animales, organiques ou psychiques, mais également face à un mystère ? Ne serait-ce pas précisément ce mystère que pressentent – souvent sans le savoir – ceux et celles qui, après avoir expérimenté l'émerveillement d'un amour authentique, ne peuvent plus le réduire aux seules questions d'attirance biologique ou de reproduction d'une espèce animale assurant sa survie ? Ainsi l'a perçu la mystique chrétienne, aux yeux de laquelle l'amour humain est comparable à un reflet ici-bas de l'amour divin et de l'union d'éternité, comme le rappelle le théologien Olivier Clément : « Si le Cantique des cantiques est un chant d'amour – d'amour aimant et d'amour érotique –, qui symbolise l'union de Dieu et de l'âme, c'est que l'amour humain, à la fois aimant et érotique, a quelque chose à voir avec Dieu, et qu'il reste pour beaucoup une des seules expériences mystiques qu'il leur soit donné de faire ici-bas. [...] Bien des existences [...] comprendraient, à la lumière d'une exploration théologique de la passion d'amour, qu'elles ont été vouées, peut-être par là même, à la quête de l'Absolu. Ce que savent, et respectent, les vrais spirituels[a]. » Une théologie chrétienne centrée sur l'essentiel, c'est-à-dire attentive à ce qui pourrait soutenir une union à Dieu particulièrement belle et intense, demeure consciente que chaque être humain vit ou vivra un jour une réciprocité d'amour avec Dieu à partir de sa confiance d'être aimé et de sa capacité d'aimer : elle peut discerner jusque dans l'intensité des pulsions érotiques l'un des plus beaux moyens mis à la disposition du langage des corps pour exprimer dans un couple l'intensité de l'amour porté à son partenaire, pour faire grandir la confiance d'être aimé et la capacité d'aimer de chacun[20]. Ce discernement permet aussi de poser un nouveau regard sur cette insistance quasi obsessionnelle de Sigmund Freud sur les questions de sexualité – insistance souvent demeurée incomprise alors que, derrière elle, se cachait probablement un pressentiment plus profond, peut-être même un pressentiment d'ordre mystique. Telle fut l'impression de Carl

a. *Corps de mort et de gloire*, Paris, Desclée de Brouwer, 1995, p. 84 et 79.

Gustav Jung lui-même, qui entretint des liens d'amitié avec Sigmund Freud : « En somme, [Freud] voulait enseigner – du moins c'est ce qu'il me sembla – que, considérée de l'intérieur, la sexualité englobe aussi de la spiritualité ou possède une signification intrinsèque. Mais sa terminologie concrétiste était trop restreinte pour pouvoir formuler cette idée. De sorte que j'eus de lui l'impression qu'au fond il travaillait à l'encontre de son propre but et à l'encontre de lui-même. [...] Freud ne s'est jamais demandé pourquoi il lui fallait continuellement parler du sexe, pourquoi cette pensée l'avait à un tel point saisi. Jamais il ne s'est rendu compte que la “monotonie de l'interprétation” traduisait une fuite devant soi-même ou devant cette autre partie de lui qu'il faudrait peut-être appeler “mystique”. Or sans reconnaître ce côté de sa personnalité, il lui était impossible de se mettre en harmonie avec lui-même. [...] C'est à cause de cela que je vois en lui une figure tragique ; car il était un grand homme et, qui plus est, il avait le feu sacré[a][21]. »

Après avoir tenté de cerner plus objectivement ce que pourrait être le regard d'un Dieu-Créateur sur les origines premières du sentiment de culpabilité, sur sa forme à la fois la plus inconsciente et la plus susceptible de nourrir chez l'être humain une certaine difficulté à se croire digne d'être aimé, il s'agit de faire de même pour la forme la plus consciente, et donc la plus connue, du sentiment de culpabilité, celle qui s'empare d'un être humain à la suite d'un acte qu'il juge – à tort ou à raison – répréhensible. Là encore, une attention à faire se rencontrer les apports spécifiques de la psychologie et de la révélation chrétienne s'annonce déterminante.

---

a. *Ma vie*, Paris, Gallimard, 1966, p. 179-180.

Un Dieu qui connaît les blessures de chacun

L'une des démarches les plus spécifiques et les plus fondamentales de la psychologie a toujours été de chercher à mieux comprendre le cœur humain, notamment ce qui a pu le pousser à réagir de telle ou telle manière, à poser tel ou tel acte. Si cette démarche est dénuée de tout jugement, ce n'est pas pour nier la réalité du mal commis – lorsque mal il y a – ni pour relativiser la gravité de ce mal – lorsque gravité il y a –, mais parce que la nature même de sa tâche est de se consacrer essentiellement à cette tentative de compréhension inlassable des profondeurs de l'être humain. Or, parmi l'ensemble des découvertes que cette démarche a permises avec le temps, il en est une susceptible d'apporter un éclairage de premier plan sur ce qui conduit un être humain à réagir négativement : les agressions commises proviennent d'une manière ou d'une autre, directement ou indirectement, de blessures déjà présentes chez leur auteur. Il ne s'agit pas nécessairement de blessures ayant un lien avec la personne envers laquelle son mal-être s'est ensuite déversé, ni non plus de blessures récentes ou encore de blessures conscientes, mais de blessures en tout cas suffisamment présentes pour s'extérioriser de temps à autre sous les formes les plus diverses, des plus anodines aux plus nocives.

Si chacun disposait d'une lucidité totale dans un tel domaine, nombreux sont ceux qui constateraient avec étonnement l'impact considérable de leurs blessures personnelles sur les comportements négatifs qui demeurent parfois les leurs et à cause desquels ils ont souvent du mal à s'aimer eux-mêmes. Pareil constat se révélerait susceptible d'enrayer leur tendance à se représenter Dieu – qu'ils croient ou non à son existence – comme un Être qui ne pourrait pas les aimer vraiment, comme un Être plutôt prêt à les juger sévèrement, voire à les punir, tant il est vrai que cette tendance provient à l'origine de la projection inconsciente sur Dieu de leur propre sévérité envers eux-mêmes. Rien de tel, en effet, pour surmonter les nombreuses résistances internes à se laisser aimer que d'apprendre à tenir compte de l'existence des blessures ayant jalonné son passé proche ou lointain, qu'il s'agisse de blessures déjà connues, de blessures refoulées à un âge où elles ne pouvaient être assumées et qui ne sont pas encore remontées à la conscience, ou encore de blessures qui demeureront peut-être à jamais inconnues mais dont le poids, si mystérieux soit-il, mériterait lui aussi de ne pas être sous-estimé. Loin d'être un chemin de facilité, faire preuve d'un tel réalisme est autrement difficile que de se laisser entraîner sur la pente d'un autodénigrement synonyme de haine de soi : la psychologie, dans son exploration des côtés sombres de l'être humain, sait depuis longtemps qu'il est bien plus facile pour un esprit contristé de s'enliser dans une destruction de soi, de se laisser entraîner par la pulsion de mort qui l'habite – et de finir paradoxalement par s'y complaire – que d'apprendre à s'aimer et à se laisser aimer. Le vrai courage ne se trouve pas toujours là où de nombreuses personnes le croient, et ce n'est pas sans raison que Sigmund Freud avait surnommé « Thanatos » cette pulsion destructrice toujours à l'affût de ce qu'elle pourrait utiliser pour tirer l'être humain vers le bas, pour couper son élan de vie en abîmant notamment l'image qu'il se fait de lui-même et des autres. S'exercer à poser un regard qui sache tenir compte des blessures à l'origine de tel acte ou de telle pensée, c'est déjà accéder à une vérité sur soi-même autrement profonde que ne saurait le soupçonner une subjectivité aveuglée par les apparences ; c'est aussi se préparer à effectuer un discernement semblable à l'égard de ses proches et finir par percevoir derrière de nombreux comportements *a priori* négatifs – chez eux comme chez soi – autant de blessures à guérir et d'appels à être davantage compris, reconnus et aimés [22].

Si toutes les blessures intérieures, petites et grandes, se rattachent d'une manière ou d'une autre à cette souffrance de ne pas s'être senti – à tort ou à raison – suffisamment compris, reconnu et aimé, comment un Dieu qui aurait créé l'être humain, et serait donc mieux placé que quiconque pour en comprendre le fonctionnement, pourrait-il lui-même tomber dans le piège des apparences et ne pas percevoir derrière tout mal commis la souffrance cachée de son auteur ? Comment pourrait-il ne pas savoir que le mal ne signifie pas que les profondeurs de l'être humain concerné sont mauvaises en elles-mêmes, mais qu'elles sont fondamentalement blessées ? Résonne alors plus fortement que jamais la puissante affirmation de celui qui a peut-être été le confident le plus proche du Christ pendant sa vie terrestre : « Si notre cœur venait à nous condamner, Dieu est plus grand que notre cœur et il connaît tout [a]. »

---

a. Première Épître de saint Jean, chapitre 3, verset 20.

« Il connaît tout » signifie, certes, qu'il connaît toutes les blessures de chacun, y compris les blessures jadis refoulées qui ne sont pas encore remontées à la conscience ou celles qui n'y remonteront pas en cette vie. Mais cela signifie aussi qu'il connaît une blessure à la fois plus mystérieuse et plus profonde encore, une blessure qui échappe, par sa nature même, à toute investigation d'ordre scientifique, car seul le sens ultime de l'existence humaine, et non la simple observation de son fonctionnement, permet de soupçonner sa présence et de ne pas sous-estimer son impact sur le cœur de chacun. À partir du moment où, comme le soutient la révélation chrétienne, l'être humain aurait été créé pour vivre un jour une union d'amour éternelle et que ses profondeurs y aspireraient de façon prémonitoire depuis le commencement de son existence, comment pourrait-il ne pas souffrir de la blessure infligée par l'inévitable décalage entre cet amour infini auquel il est destiné et l'amour qu'il expérimente ici-bas ? Cette blessure toucherait tout être humain sans exception, dans la mesure où même l'amour le plus merveilleux, dont tel ou tel bénéficierait pendant sa vie terrestre, ne pourrait pas se situer à la même hauteur que cet amour divin en vue duquel son être le plus profond a été créé. Une fois encore, qui saurait mesurer l'étendue de cette blessure et en tenir compte, sinon ce Dieu-Créateur qui aurait pleine connaissance de l'intensité véritable de cet amour d'éternité et donc du manque éprouvé – consciemment ou non – par chaque être humain ? Si ce manque, qui pousse l'auteur de l'Épître aux Hébreux à écrire que l'être humain est « comme un étranger sur la terre[a] », et cette attente, qui conduit saint Augustin à affirmer que le cœur humain « est sans repos,

a. Voir l'Épître aux Hébreux, chapitre 11, versets 13 à 16.

tant qu'il ne demeure en [Dieu] [a] », sont ainsi à l'origine d'une blessure inhérente à la condition humaine, il est difficilement concevable que cette blessure ontologique ne soit pas, elle aussi, prise en compte par un regard divin qui viendrait à se poser sur ce que l'être humain n'aime pas de lui-même, sur les diverses facettes de sa personne avec lesquelles il ne se serait pas encore réconcilié.

---

a. *Les Confessions*, I, 1.

Un amour dont personne n'est exclu

Percevoir cette capacité divine de discerner dans le mal la conséquence des diverses blessures secrètes du cœur humain, c'est se donner les moyens d'accéder à une tout autre représentation d'un jugement divin, celle qu'une foi chrétienne mature perçoit dans l'attention si caractéristique et si bouleversante du Christ à ne jamais exclure quiconque de son amour : un jugement dont la perspective fondamentale n'est pas de chercher à condamner l'être humain, mais de tenter inlassablement de guérir les blessures intérieures sans lesquelles son inclination à faire le mal n'aurait pu se développer de la sorte. Cette perspective ne devrait pas être confondue pour autant avec un oubli du mal ou avec une relativisation de la gravité du mal, ces deux facettes si souvent reprochées à la notion chrétienne de pardon. En effet, non seulement cette attention à accomplir une guérison intérieure exclut, par son existence même, toute forme d'oubli, mais elle montre également combien ce mal est pris au sérieux : loin de nier ou de relativiser la gravité du mal commis, ce pardon divin est la manifestation la plus élevée d'une lutte continuelle pour éradiquer le mal en s'attaquant à sa racine véritable, en le traitant là où il prend forme dans le cœur humain, c'est-à-dire en s'efforçant de cicatriser les blessures qui s'y trouvent au lieu de les agrandir davantage par le biais d'un jugement superficiel[23].

« La mort du Christ sur la croix est un jugement du jugement », écrivait déjà saint Maxime le Confesseur au VIIe siècle[a]. Il avait saisi que l'attitude du Christ lors de la Passion révèle avant tout un Dieu qui, même abandonné, jugé et condamné, ne se met pas lui-même à abandonner, à juger ou à condamner qui que ce soit, mais continue à aimer jusqu'au bout, et à aimer ceux-là même qui le crucifient[b]. Ainsi, la croix est devenue le symbole chrétien par excellence, non par connivence avec une vision doloriste de l'existence, mais parce que, dans ce moment particulièrement dramatique, l'attitude du Christ a porté à son plus haut degré d'intensité la révélation d'un amour fou, sans limites, offert à tous sans exception ; un amour fou qui résume, confirme et éclaire tous les gestes que le Christ a posés au cours de sa vie ; un amour fou qui fournit un critère de discernement des plus remarquables pour méditer ses paroles et libérer celles-ci des interprétations contredisant ses actes – interprétations si souvent induites en erreur par l'activité inconsciente d'un sentiment de culpabilité tapi dans l'ombre, toujours à l'affût de la moindre ambiguïté à exploiter[24] ; un amour fou qui demeure un puissant appel à ne plus rester prisonnier de la projection inconsciente sur Dieu d'une sévérité envers soi-même et des diverses peurs secrètes qu'elle nourrit sans cesse, mais à remettre en cause, écarter ou

a. *Questions à Thalassius*, 43 (PG 90, 408), cité et traduit par Olivier Clément dans *Sources, les mystiques chrétiens des origines*, Paris, Stock, 1992, p. 47.

b. « Père, pardonne-leur : ils ne savent pas ce qu'ils font » (Évangile selon saint Luc, chapitre 23, verset 34).

redéfinir les représentations de l'attitude divine qui seraient incohérentes avec un tel amour[25]. Parmi ces dernières, les représentations populaires liées au thème de l'enfer mériteraient un traitement particulier, tant elles sont symptomatiques de l'omniprésence chez l'être humain de ce sentiment de culpabilité, de cette projection inconsciente sur Dieu du regard sévère posé sur soi-même, de cette réelle difficulté à se croire digne d'être aimé. Se libérer toujours davantage de l'influence d'une telle projection permet d'accéder à la seule interprétation de l'enfer qui soit pleinement compatible avec le jugement d'un Dieu d'amour : non pas la condamnation d'un être humain mais, comme le soutient Olivier Clément, la possibilité laissée à cet être humain de refuser ou d'accepter librement cet amour divin qui lui sera toujours offert : « Cet amour peut être aussi refusé par l'homme qui se ferme et se crispe sur lui-même, [...] car l'être humain a cette liberté ultime, et alors c'est le mystère de ce qu'on appelle "l'enfer". [...] Je me souviens d'une rencontre avec un grand mystique contemporain, le père Sofrony, du mont Athos, qui, alors que je lui demandais ce qui se passerait si un être humain refusait d'ouvrir son cœur et d'accueillir cet amour qui lui est offert, me répondit : "Soyez sûr que, tant qu'il y aura quelqu'un en enfer, le Christ y sera avec lui." [...] Dieu reste à la porte de chaque cœur, même des cœurs qui lui demeurent fermés, et, s'il le faut, il attendra toute l'éternité que ces cœurs s'ouvrent à lui[a]. »

Ainsi se dévoile peu à peu le visage méconnu d'un jugement divin très éloigné de ce que l'être humain s'imagine si souvent sous l'emprise d'un sentiment de culpabilité en grande partie inconscient, sous l'emprise de sa tendance

---

a. *Taizé, un sens à la vie*, Paris, Bayard-Centurion, 1997, p. 98 et 101.

également inconsciente à confondre le mystère même de Dieu avec son Surmoi, sous l'emprise de son regard sur lui-même dont la sévérité risque d'être projetée sur la représentation d'un regard divin, sous l'emprise, enfin, d'une mauvaise compréhension de soi et notamment du rôle joué par ses propres blessures intérieures dans l'accomplissement de tel ou tel acte jugé répréhensible. Prendre conscience de l'influence non négligeable de cette emprise, avancer vers une compréhension plus juste des principaux stades de son propre développement psychologique – avec leur lot de pulsions, de frustrations et de blessures –, accéder à la représentation d'un regard divin empli de lucidité et de bienveillance, c'est se donner les moyens d'entrevoir un jugement divin qui ne demande qu'à guérir les blessures les plus profondes du cœur humain, qu'à le libérer de ses peurs secrètes, qu'à faire franchir de nouveaux paliers à la confiance d'être aimé et à la capacité d'aimer de chacun, qu'à faire entrer tout être humain dans une réciprocité d'amour dépassant ses plus folles espérances.

D’une lointaine condescendance à une réciprocité d’amour

Projections inconscientes et représentations d’une transcendance divine

Un Être plutôt lointain, imposant ou condescendant : ces quelques représentations spontanées de Dieu font sans doute partie de celles qui nourrissent le plus une certaine indifférence religieuse ou une certaine tiédeur spirituelle. Elles poussent souvent les uns à ne pas éprouver d'intérêt particulier pour la question de Dieu ; elles conduisent parfois les autres à cantonner leur foi dans le cadre soit d'un moralisme étroit au détriment de leur vie intérieure, soit d'une spiritualité la plupart du temps réduite à une pieuse relation de maître à esclave. Ces représentations de Dieu proviennent principalement de projections psychologiques inconscientes qui se manifestent lors de l'évocation d'un Être transcendant, d'une transcendance divine que ces projections tendent à identifier à une grandeur imposante et distante : l'aspiration inconsciente à une telle grandeur habite les profondeurs de tout être humain qui, croyant ou non, risque de la projeter régulièrement sur la représentation de Dieu à partir de laquelle ses convictions se forgent. Au fur et à mesure que cette troisième partie démasquera l'influence de cette projection psychologique et discernera les caractéristiques d'une grandeur divine vraiment compatible avec un Dieu qui serait amour, elle laissera entrevoir une tout autre représentation de la transcendance divine que celle suggérée par l'inconscient, une transcendance divine non plus synonyme d'une lointaine condescendance mais d'une possible proximité et même réciprocité d'amour divino-humaine.

En tentant d'identifier et d'écarter les principaux déterminismes psychologiques qui empêchent souvent de concilier la représentation d'une transcendance divine avec la possibilité d'une réciprocité d'amour divino-humaine, cette réflexion se trouvera également confrontée aux obstacles de nature théologique, philosophique et psychologique qui empêchent notamment de concilier cette transcendance divine avec la présence, en Dieu même, d'un désir d'être aimé – désir divin sans lequel aucune réciprocité d'amour ne saurait exister. Prendre en considération la possible existence de ce désir divin viendra interpeller, voire bouleverser bien des manières d'appréhender la question de Dieu ou de mener une vie intérieure, tout en invitant chacun à changer de regard sur sa propre capacité d'aimer. Au cours de ce cheminement seront exposés et approfondis les fondements véritables sur lesquels repose la confiance en la réalisation de cette réciprocité d'amour divino-humaine dont maintes traditions mystiques ont inlassablement témoigné à travers les âges – fondements qui apparaîtront sous un jour nouveau à la lumière de la révélation chrétienne pour laquelle une telle réciprocité d'amour constitue à la fois le cœur et le sommet de toute quête spirituelle.

Se libérer du Dieu imposant

Une double difficulté attend toute tentative d'expliciter les projections inconscientes liées à la secrète aspiration à une grandeur imposante qui sommeille dans les profondeurs de tout être humain : d'une part, le concept de grandeur représente spontanément une réalité positive qui n'incite pas à se méfier de ses éventuelles répercussions négatives sur un cheminement intérieur ; d'autre part, nombre de croyants auraient l'impression de manquer de respect, voire de blasphémer en osant prendre du recul face à ce que la grandeur de Dieu leur inspire. Il importe donc de préciser que l'analyse de ce processus psychologique remet en cause non pas cette grandeur divine en tant que telle, mais la manière dont l'être humain risque de la concevoir.

Avant même de devenir dépendante de projections inconscientes plus évoluées, la représentation d'une grandeur divine est sujette à ce que la psychologie appelle un « transfert ». À la différence de la projection d'un attribut que le sujet porte en soi sans l'admettre consciemment (par exemple, son propre désir de toute-puissance ou la sévérité de son propre regard), le transfert consiste plutôt à projeter une relation vécue avec une autre personne ou un attribut spécifique à une autre personne connue du sujet (par exemple, la relation avec son père ou l'image du père dans une représentation de Dieu). Appliqué à la grandeur d'un Dieu transcendant, le transfert le plus naturel sera donc celui d'attributs liés, d'une manière ou d'une autre, à ce que l'être humain identifie à un état de grandeur ici-bas, à savoir les attributs communément assignés à une grandeur sociale, mondaine, hiérarchique, politique, royale, etc. C'est ainsi que des traditions spirituelles séculaires, scripturaires ou liturgiques, ont eu tendance à évoquer Dieu en multipliant les références au « Seigneur », à une « majesté céleste » ou à d'autres expressions du même ordre. Or ce transfert, si compréhensible soit-il, nourrit inévitablement l'impression qu'une distance éminemment respectueuse caractériserait toute relation avec un tel Dieu. En effet, la manière dont chacun gère intérieurement une relation personnelle ne saurait être la même selon qu'il identifie – consciemment ou non – son vis-à-vis à un puissant de ce monde ou à un être cher dont il se sait aimé. Sa manière d'être, de s'exprimer, de se confier, voire d'attendre ou d'offrir un amour s'en trouve radicalement modifiée. Cet état de fait conduit à souligner l'influence considérable de l'image mentale qui se greffe sur la notion de Dieu. L'importance de cette influence ne saurait être relativisée pour qui demeure conscient qu'une foi mature consiste avant tout en une relation interpersonnelle à vivre intensément avec Dieu, et non en des idées abstraites ou en des principes moralisateurs. Par conséquent, ce processus de transfert implique une certaine vigilance de la part de ceux et celles qui ne souhaitent pas voir leur cheminement faussé dès son commencement par la représentation d'une grandeur divine à bien des égards trop humaine, surtout si une telle représentation les conduit d'emblée à identifier cette grandeur divine à une grandeur forcément imposante.

À ce transfert, relativement élémentaire, vient s'ajouter un autre déterminisme de l'inconscient, plus subtil : la projection du désir de grandeur imposante que chacun porte en soi dès le plus jeune âge. Si son origine première remonte à la petite enfance, c'est qu'il s'agit de la période de l'existence où l'enfant se découvre très limité et le vit particulièrement mal. De nombreuses frustrations finissent par déposer durablement dans les profondeurs de son être une puissante aspiration à une forme de grandeur inséparable d'un certain pouvoir, d'un certain contrôle, voire d'une certaine domination. Cette puissante et secrète aspiration demeure suffisamment profonde pour laisser des traces à l'âge adulte et redevenir influente à tout moment sous le joug des indéniables limites auxquelles chacun devra de nouveau consentir au long de sa vie. En outre, ces divers consentements et renoncements ne sont pas les seuls à réanimer régulièrement une telle aspiration : les humiliations subies dans le cadre familial, amical, scolaire ou professionnel viennent également la renforcer, si inconsciente demeure-t-elle. Or cette aspiration à une grandeur dominatrice peut trouver dans la sphère religieuse un lieu de projection idéal, si bien que le risque est réel pour chacun d'avoir tendance, à son insu, à associer la notion de Dieu à cette grandeur imposante dont son inconscient souhaite disposer. Cette association entraîne des conséquences d'autant plus dommageables à un cheminement spirituel qu'elle confine souvent la vie intérieure à une relation de type dominant-dominé d'où se trouve exclue la conception même d'une possible réciprocité relationnelle digne de ce nom ; elle peut même provoquer un blocage systématique à l'égard de toute considération spirituelle chez des personnes ayant dû lutter dans leur passé pour se soustraire à une autorité parentale exercée de façon excessive, à un autoritarisme que leurs yeux d'enfant identifiaient alors à une certaine forme de grandeur parentale.

L'une des difficultés majeures auxquelles se trouve confronté tout discernement soucieux de devenir moins dépendant de ce processus psychologique consiste en la fréquente cohabitation entre cette représentation de Dieu en partie inconsciente et une représentation plus consciente, souvent plus mature, qui s'imagine avoir surclassé la première au point de ne pas soupçonner que celle-ci conserve encore une activité souterraine. Qu'elle soit momentanée ou continue, cette juxtaposition risque d'advenir à cause du degré d'enracinement de ce processus inconscient et de son aptitude à refaire surface inopinément. La démasquer se révèle parfois d'autant plus délicat que cette cohabitation ne se traduit pas nécessairement par le contenu lui-même de telle conviction ou de tel propos à connotation théologique. Plus subtilement, elle se manifeste par moments au sein même d'un contenu non dénué d'espérance ou de beauté, à travers des attitudes, des gestes et des symboles qui trahissent, à l'insu de la personne concernée, l'emprise encore actuelle d'une certaine représentation inconsciente de la grandeur divine. Sa manifestation la plus répandue demeure peut-être celle qui s'exprime au cours d'une prédication ou d'une lecture de textes sacrés, ou encore, dans un tout autre registre, au cours d'une imitation théâtrale, dramatique ou satirique, lorsque l'intonation de la voix humaine s'imagine incarner davantage la voix divine en devenant tout à coup ferme, directive, presque tyrannique. Ce processus revêt bien d'autres formes parmi lesquelles figurent en particulier la multiplication d'affirmations péremptoires au sein d'un discours théologique où transparaît un Dieu à double visage, l'énonciation de jugements intransigeants prononcés au nom de Dieu, la gestuelle par moments autoritaire d'un prédicateur, la lourdeur de certains rituels religieux, l'ornement excessif de telle tenue liturgique, etc. Si de telles manifestations sont parfois motivées par un souci tout à fait sincère de rendre hommage à une grandeur divine, la question mérite néanmoins d'être posée : en l'honneur de quelle grandeur divine ? Celle d'un roi entouré par sa cour obéissante et servile ? Celle d'un dictateur adulé par une foule en réalité craintive ? Il paraît difficile, en tout cas, d'y percevoir la grandeur d'un Dieu dont le mystère aurait un lien étroit avec celui de l'amour. Un questionnement relatif à la nature de cette grandeur divine semble pertinent et même indispensable à toute quête de sens qui s'interrogerait sur une croyance où prime ce lien entre le mystère de Dieu et le mystère de l'amour : plus ce lien se révèle étroit, plus cette croyance risque d'être défigurée par les déterminismes de l'inconscient précédemment démasqués.

S'agissant de la révélation chrétienne où l'essence même du mystère divin est censée correspondre à l'expression ultime de l'amour, une vigilance s'impose d'autant plus que la distance s'annonce considérable entre la hauteur d'un tel amour divin et la profondeur de la projection inconsciente d'une soif toute humaine de grandeur imposante. Cette distance appelle un retournement intérieur capital pour discerner la nature véritable de la grandeur d'un Dieu dont l'essence même serait amour : il ne s'agit pas dans cette croyance de n'importe quelle grandeur divine, mais de la grandeur d'un amour divin. Or qu'est-ce qui caractérise la grandeur d'un amour, si ce n'est sa qualité, la qualité de l'amour offert à l'être aimé ? C'est à un tel retournement de perspective que le Christ lui-même tente de rendre attentifs ses disciples en les invitant à plusieurs reprises à ne plus identifier la grandeur divine, ou toute autre forme de grandeur véritable, à une grandeur imposante, écrasante, dominatrice. Son enseignement et son attitude en témoignent : « Quel est en effet le plus grand, celui qui est à table ou celui qui sert ? N'est-ce pas celui qui est à table ? Et moi, je suis au milieu de vous comme celui qui sert[a] ! » Des gestes hautement symboliques l'illustrent même sous des formes inattendues, comme son entrée messianique à Jérusalem au cours de laquelle « Jésus, trouvant un petit d'âne, s'assit dessus[b] » ou encore le lavement des pieds que l'apôtre Jean présente comme une manifestation de cette grandeur de l'amour divin en déclarant dès le début de son récit : « Ayant aimé les siens qui étaient dans le monde, [Jésus] les aima jusqu'au bout[c]. » Enfin, le don de sa vie sur la croix transforme ce qu'un être humain identifierait à une humiliation des plus outrageuses[d] en une manifestation d'amour éclatante : « Il n'est pas de plus grand amour que de donner sa vie pour ceux qu'on aime[e]. » En ressortent autant d'appels à prendre conscience que la véritable grandeur d'un être se situe dans la qualité de son amour – vérité dont il paraît légitime d'attendre la plus haute manifestation de la part d'un Dieu qui serait à la fois la source et l'expression ultime de l'amour, mais vérité qui laisse également entrevoir l'étendue de la conversion intérieure à effectuer pour passer de la représentation d'une grandeur divine imposante à celle d'une grandeur divine synonyme d'un amour de qualité qui ne cesse de se révéler toujours plus grand !

---

a. Évangile selon saint Luc, chapitre 22, verset 27.

b. Évangile selon saint Jean, chapitre 12, verset 14.

c. Évangile selon saint Jean, chapitre 13, verset 1.

d. « Il s'humilia plus encore, obéissant jusqu'à la mort, et à la mort sur une croix ! » (Épître de saint Paul aux Philippiens, chapitre 2, verset 8.)

e. Évangile selon saint Jean, chapitre 15, verset 13.

Se libérer du Dieu distant

Tout aussi ancienne que la soif de grandeur imposante, et non moins enfouie dans les méandres du psychisme humain, une autre aspiration secrète se trouve inconsciemment projetée sur la représentation spontanée d'une transcendance divine : le désir d'accéder à une autonomie qui se suffirait pleinement à elle-même et se complairait dans cette autosuffisance. Sous l'influence d'une telle projection, la représentation d'une transcendance divine court le risque d'être perçue comme une grandeur distante dont l'autosuffisance ne rechercherait en aucune manière une quelconque proximité ou réciprocité relationnelle. Active en chacun, cette forte aspiration à une autonomie distante ne saurait être sous-estimée, tant l'acquisition progressive d'une certaine autonomie résume en grande partie les efforts dépensés tout au long des premières années de la vie. À bien des égards, cette acquisition s'apparente à une lutte incessante au cours de laquelle les limites physiques et mentales du petit enfant écornent régulièrement l'image qu'il a de lui-même. Ces limites lui infligent une blessure narcissique, nourrie par l'obligation permanente de demander à d'autres ce qu'il ne peut pas encore réaliser lui-même, par une dépendance absolue à l'égard des figures parentales dont l'enfant envie l'apparente toute-puissance. Par ailleurs, cette blessure narcissique, inhérente à toute enfance, est souvent aggravée par certains comportements d'adultes qui, comme la psychanalyste d'enfants Françoise Dolto le rappelle, humilient l'enfant lorsqu'ils ne le respectent pas suffisamment « comme un être autonome en devenir[a] », dans sa « vocation d'homme et de femme libre qui est celle de chacun[b] ». Tous ces éléments sont fortement susceptibles d'alimenter dans l'inconscient une confusion entre un état de grandeur lié à un accomplissement personnel et un état d'autosuffisance dont la plus haute manifestation serait non seulement de n'avoir plus recours à personne, mais aussi, sous l'emprise d'un élan narcissique réactionnaire, de ne plus aspirer à créer des liens trop étroits avec qui que ce soit[26].

Comment ne pas soupçonner l'impact d'une telle confusion sur la représentation inconsciente d'un Être divin dont la nature est justement censée correspondre à l'état de grandeur le plus accompli et le plus élevé qui soit ? Nombreuses sont les spiritualités derrière lesquelles se dissimule une forme de grandeur divine distante dont les avatars théologiques suscitent une adhésion spontanée d'autant plus aisée qu'ils rejoignent cette aspiration inconsciente à l'œuvre en chacun. Ce processus explique en partie la difficulté à se méfier des diverses déclinaisons de ce Dieu distant, voire impassible, qui se contenterait de trôner avec autorité sans connaître lui-même d'aspirations particulières en matière relationnelle. De telles spéculations théologiques paraissent tellement aller de soi que le conditionnement somme toute illusoire qu'elles imposent peut difficilement devenir le sujet d'une sérieuse

a. *Les chemins de l'éducation*, Paris, Gallimard, 1994, p. 96.
b. *Ibid.*, p. 154.

remise en cause. Pourtant, ces représentations ne mériteraient pas que leur soit conféré un tel degré de fiabilité, tant elles semblent se nourrir d'une réaction d'orgueil faisant suite à la blessure narcissique imposée par les limites inhérentes à la croissance de chacun.

Prendre du recul face à ces représentations spontanées d'une transcendance divine revient tout d'abord à s'interroger sur la fiabilité de leur fondement originel, à savoir cette confusion inconsciente entre un état de grandeur lié à un accomplissement personnel et un état d'autosuffisance soucieux de garder ses distances. La psychologie, dans sa recherche d'une meilleure compréhension du psychisme et des relations humaines, a été conduite à un tout autre constat sur ce qui caractérise un état d'accomplissement, de maturité et d'épanouissement chez l'être humain : ce dernier grandit et s'épanouit vraiment lorsque ses diverses prisons intérieures ne l'empêchent plus de mener des relations interpersonnelles aussi harmonieuses que possible. C'est d'ailleurs la raison pour laquelle l'une des principales visées de nombre de psychothérapies et de psychanalyses est de contribuer, autant que faire se peut, au dépassement de tel ou tel blocage qui empêche parfois l'être humain d'avoir pleinement accès à sa capacité d'établir des relations interpersonnelles véritablement voulues et constructives. Loin de correspondre à un état de repli sur soi, une saine autonomie est au contraire censée soutenir l'épanouissement et la croissance de l'être humain en lui permettant de construire des relations choisies, positives, appelées pour certaines d'entre elles à culminer dans un amour conjugal, parental, fraternel. Cette perspective entraîne un complet retournement de la représentation d'une transcendance divine censée correspondre à l'état de grandeur le plus accompli et le plus parfait qui puisse être : la grandeur et la perfection de cette transcendance divine devraient plutôt être apparentées à l'expression ultime de cette aspiration et de cette capacité réelle à mener des relations interpersonnelles épanouissantes et constructives. Plus une croyance reconnaîtrait un lien entre le mystère de Dieu et le mystère de l'amour, plus la grandeur de cette transcendance divine devrait être reliée à la capacité et au désir d'un tel Dieu de faire culminer sa relation avec l'être humain dans l'amour, et non de se maintenir à distance dans une froide suffisance.

Ce dernier point met en évidence l'ampleur du retournement de perspective à faire de nouveau subir à toute tentative de se représenter la transcendance d'un Dieu dont la nature aurait un étroit rapport avec l'amour : cette croyance ne renvoie pas à n'importe quelle transcendance, mais à la transcendance d'un amour divin. Or quelles caractéristiques correspondraient le mieux à un amour transcendant, sinon la capacité et le désir de transcender tous les obstacles susceptibles de le retenir éloigné de ceux qu'il aime ? Quoi de plus étranger à la logique de l'amour que l'attitude consistant à maintenir une distance hautaine à l'égard de l'être aimé ? Le mystère chrétien de l'Incarnation, celui d'un Dieu qui, par amour, vient partager la condition terrestre, illustre de façon poignante ce retournement de perspective sur lequel repose l'une des spécificités les plus renversantes de la spiritualité chrétienne. Cette dernière, à la différence de tant d'autres, ne met pas l'accent sur une multitude de conditions à remplir ou d'efforts ascétiques à accomplir par l'être humain pour espérer un jour rejoindre un Dieu, une Réalité ou un état ultime quasiment inaccessible ici-bas. Elle inverse au contraire cette tendance en s'appuyant fondamentalement sur l'amour d'un Dieu désireux de rejoindre chacun jusque dans sa condition humaine, là où il en est, pour l'inviter à entrer dès maintenant dans une réciprocité d'amour avec lui [a] : mystère incompréhensible et déroutant pour peu que soit encore active la représentation d'une transcendance divine inconsciemment associée à une grandeur hautaine et distante, mais mystère non dénué de sens et bouleversant pour peu qu'il soit mis en perspective avec la logique interne de l'amour qui, lui, ne saurait en effet souhaiter autre chose que rejoindre l'être aimé. Sous la forme d'un amour prêt à transcender les obstacles en apparence les plus insurmontables, la transcendance d'un Dieu d'amour, loin de devoir être appréhendée comme un facteur de distance suffisante, devient elle-même une raison supplémentaire de se représenter un Être divin ardemment désireux de se tenir en présence de l'être humain et de l'inviter à entrer dans une relation avec lui où proximité [b] et réciprocité [c] reçoivent toutes deux pleinement la place qui devrait toujours être la leur au sein d'un amour digne de ce nom.

Le conditionnement inhérent aux diverses projections d'une soif de grandeur imposante ou distante n'est pas le seul à rendre difficilement accessible la représentation d'une transcendance divine désireuse de vivre une réciprocité d'amour divino-humaine. Évoquer une réciprocité d'amour revient en effet à sous-entendre l'existence, chez les deux personnes concernées, non seulement d'un désir d'aimer mais aussi d'un

---

a. « Je leur ai fait connaître ton nom et je le leur ferai connaître, pour que l'amour dont tu m'as aimé soit en eux et moi en eux » : ce furent les dernières paroles que le Christ, selon l'Évangile de l'apôtre Jean, adressa à Dieu avant sa Passion (chapitre 17, verset 26).

b. « Et voici que je suis avec vous pour toujours jusqu'à la fin du monde » (Évangile selon saint Matthieu, chapitre 28, verset 20). « Je ne vous laisserai pas orphelins. [...] Je prierai le Père et il vous donnera un autre Paraclet, pour qu'il soit avec vous à jamais, l'Esprit de Vérité » (Évangile selon saint Jean, chapitre 14, versets 18 et 16).

c. « Comme le Père m'a aimé, moi aussi je vous ai aimés. Demeurez dans mon amour. [...] Demeurez en moi, comme moi en vous » (Évangile selon saint Jean, chapitre 15, versets 9 et 4).

désir d'être aimé. Or diverses résistances intérieures sont susceptibles de rendre particulièrement difficile la reconnaissance d'un désir, en Dieu même, d'être aimé par l'être humain. Une telle reconnaissance se heurte à quatre blocages majeurs, de nature à la fois théologique, philosophique et psychologique, qu'il importe de lever tour à tour. Le premier blocage provient de la tendance, alimentée par une certaine religiosité naturelle, à ne voir en Dieu que l'Être censé satisfaire les demandes humaines les plus diverses, au point que l'existence d'une éventuelle attente de sa part ne saurait être soupçonnée ou prise en compte. Le deuxième blocage provient de la tendance, alimentée par une certaine réflexion théologique, à insister presque exclusivement sur l'aspect oblatif et désintéressé de l'amour divin – insistance probablement liée à l'influence d'un héritage philosophique longtemps soucieux d'exclure tout besoin, tout manque et tout désir en Dieu. Le troisième blocage provient de la tendance, alimentée par une théologie chrétienne conséquente avec l'Évangile, à craindre que la reconnaissance d'un désir, en Dieu même, d'être aimé ne fasse apparaître la satisfaction de ce désir divin comme une condition à remplir pour être aimé de Dieu – condition qui contredirait le message le plus novateur du Christ selon lequel le don de l'amour divin est gratuit, inconditionnel. Le quatrième blocage provient de la tendance, alimentée par une certaine dévalorisation de soi, à ne pas croire en la beauté cachée de sa propre capacité d'aimer, au point de ne pas même soupçonner qu'un Dieu d'amour pourrait apprécier cette beauté cachée et désirer être aimé de chacun.

Une réciprocité d'amour vécue pour elle-même

Le premier blocage est typique d'une certaine religiosité naturelle omniprésente dès le commencement de l'histoire spirituelle de l'humanité. Cette religiosité pourrait se résumer à la tentative d'amadouer la divinité par des rituels, des services, des sacrifices, des prières en vue d'obtenir en retour des avantages, l'accomplissement d'une demande, un pouvoir, une réussite, etc. Force est de constater qu'une telle attitude s'apparente davantage à une forme de marchandage et de chantage, fût-il d'ordre affectif, qu'à une réciprocité relationnelle vraiment mature[27]. Sigmund Freud pensait avoir discerné l'origine psychique de cette attitude dans le désir inconscient, chez l'être humain devenu adulte, de bénéficier encore, à travers la croyance en un Dieu-Père, d'une figure parentale susceptible de le protéger et de lui donner ce dont il a besoin quand il le lui demande. Selon lui, il s'agirait d'une « nostalgie du père » dont le développement coïnciderait avec l'inévitable prise de conscience, un jour ou l'autre, des limites inhérentes aux capacités parentales de répondre aux besoins et aux angoisses de l'enfant devenu grand : « Quant aux besoins religieux, leur rattachement à l'état infantile de dépendance absolue, ainsi qu'à la nostalgie du père que suscite cet état, me semble irréfutable, d'autant plus que ledit sentiment n'est pas simplement dû à une survivance de ces besoins infantiles, mais qu'il est entretenu de façon durable par l'angoisse ressentie par l'homme devant la prépondérance puissante du sort[a]. »

Quoi qu'il en soit, il semble indéniable que nombre de comportements dits « religieux » ou « pieux » traduisent souvent davantage un souci de soi qu'un authentique souci de Dieu. Lorsque seules viennent à compter les attentes de l'être humain concerné, ce dernier est alors tellement préoccupé de lui-même que sa représentation spontanée de Dieu ne laisse aucune place à la possible présence, en Dieu même, d'un désir d'être aimé. Dans de telles circonstances, ce que Dieu pourrait ressentir ou attendre n'entre tout simplement pas en ligne de compte et n'a même pas lieu d'être. Dieu a beau demeurer le plus sollicité, il n'en est pas moins le plus oublié, comme le souligne Olivier Clément : « Celui qui est le plus exclu, celui qui est le plus oublié, celui qui est le plus méconnu, c'est Dieu[b]. » De fait, sous l'emprise de cette religiosité naturelle, en partie animée par une « nostalgie du père », Dieu ne peut être que celui qui donne, celui qui est là pour satisfaire les demandes humaines – sinon, « à quoi ça sert de croire ? » s'empresse de décréter une logique plus commerciale que spirituelle[28]. Ce puissant conditionnement imposé à la représentation de Dieu illustre une fois de plus l'impact de l'inconscient sur une forme de religiosité naturelle qui, même lorsqu'elle ne verse pas dans des excès que d'aucuns ont

a. *Malaise dans la civilisation*, *op. cit.*, p. 15-16.
b. *Taizé, un sens à la vie*, *op. cit.*, 1997, p. 77.

parfois qualifiés d'« illusions », empêche si souvent d'entrevoir d'autres perspectives, de concevoir ou de vivre différemment une expérience spirituelle.

Un tel conditionnement illustre aussi l'étendue de la conversion à laquelle invite toute croyance en un Dieu dont le mystère serait intrinsèquement lié à celui de l'amour. La spiritualité chrétienne, quant à elle, situe la maturité de la foi dans l'épanouissement d'une vie intérieure où le croyant aime Dieu pour lui-même et non pour en obtenir quelque chose, où il s'agit de l'aimer pour l'aimer, d'aimer pour aimer, l'amour véritable ayant son but en lui-même. Aux yeux du Christ, rien n'est plus élevé qu'un tel amour vécu de tout son être : « Tu aimeras le Seigneur ton Dieu de tout ton cœur, de toute ton âme et de tout ton esprit[a]. » Devenir attentif à Dieu pour lui-même, entrer dans une réciprocité d'amour vécue pour elle-même, apprendre à goûter la beauté de cette réciprocité quoi qu'il arrive, quel que soit le contenu de sa propre existence avec ses fluctuations et son lot d'inquiétudes, tel était l'un des souhaits les plus chers de saint François d'Assise, selon les paroles que lui attribue le franciscain Éloi Leclerc : « Dieu est, cela suffit, murmura François. [...] Découvrir que Dieu est Dieu, éternellement Dieu, au-delà de ce que nous sommes ou pouvons être, se réjouir à plein de ce qu'il est, [...] lui rendre grâce à cause de lui-même, à cause de son indéfectible miséricorde, telle est l'exigence la plus profonde de cet amour[b]. » Un tel cœur « prend un intérêt profond à la vie même de Dieu et il est capable, au milieu de toutes ses misères, de vibrer à l'éternelle innocence et à l'éternelle joie de Dieu[c] ». Dans cette

a. Évangile selon saint Matthieu, chapitre 22, verset 37.

b. *Sagesse d'un pauvre*, Paris, Desclée de Brouwer, 1991, p. 78-79 et 106-107.

c. *Ibid.*, p. 106.

spiritualité, l'invitation à commencer par se réjouir du mystère même de Dieu vient soutenir une prise de recul envers soi-même, prise de recul à partir de laquelle les attentes et les désirs d'un Dieu qui serait amour peuvent recevoir une place de complémentarité et de réciprocité.

Dès lors qu'une vie intérieure s'inscrit dans l'optique de ce rééquilibrage, de cette ouverture, de cet élargissement du cœur, elle ne saurait être réduite à une quelconque « nostalgie du père ». Certes, son attention à ce que s'établisse une réciprocité entre désirs humains et désirs divins intègre peut-être également des prières de demande, mais non sans les avoir rendues compatibles avec cet amour mutuel : ces prières ne sont plus de l'ordre d'un marchandage ou d'un chantage affectif, mais plutôt d'un souci partagé entre personnes qui s'aiment, d'une espérance commune et d'un regard tourné dans la même direction par amour [29]. Tout y devient motivé et animé par ce seul amour mutuel qui reçoit désormais la première place. Au feu de cet amour mutuel seront appelés à se consumer les restes d'une religiosité naturelle sous leurs visages les plus divers, qu'ils revêtent les traits d'une « nostalgie du père », d'un marchandage avec Dieu à la limite du chantage, d'un moralisme étroit au détriment d'une vie intérieure, de multiples conditions à remplir pour s'approcher de Dieu et en être aimé, ou encore de soucis d'efficacité et de réussite, fussent-ils d'ordre spirituel. Un seul et unique critère de discernement finira par compter au regard de cet amour mutuel, une seule et unique réalité à laquelle toutes les autres seront progressivement ordonnées : la qualité de l'amour donné et reçu, dans une vie intérieure comme dans la vie tout court.

Une vigilance à l'égard des multiples réminiscences d'une religiosité naturelle offre ainsi à chacun – qu'il mène ou non une vie intérieure – la possibilité de libérer sa représentation de Dieu du conditionnement imposé par une certaine « nostalgie du père » où Dieu ne serait là que pour répondre aux demandes et aux angoisses humaines. Cette vigilance permet d'envisager la possible existence, en Dieu même, de désirs dont le désir d'être aimé ne serait pas des moindres. En effet, la présence de ce désir divin ne saurait être soupçonnée sans un minimum d'attention mutuelle, celle-là même qui pourrait également conduire chacun au seuil d'une réciprocité d'amour vécue pour elle-même.

Un Dieu qui désire être aimé

Le deuxième blocage relatif à la reconnaissance d'un éventuel désir, en Dieu même, d'être aimé provient de l'insistance presque exclusive d'une certaine réflexion théologique sur l'aspect oblatif et désintéressé de l'amour divin. Cette insistance ne contribue pas seulement à raréfier les méditations attenantes aux désirs qu'un Dieu d'amour pourrait lui-même éprouver ; elle finit surtout par dépeindre, sans forcément l'avoir cherché, un amour divin plus proche d'une forme de condescendance que d'un amour à part entière, ce dernier étant plutôt caractérisé par une implication intimement personnelle où les désirs de chacun ont droit de cité et constituent ensemble le fondement d'une saine réciprocité. Les risques d'une défiguration de l'amour divin, ainsi que d'une défiguration de l'amour divino-humain auquel un Dieu d'amour pourrait aspirer, semblent suffisamment réels pour que soit remise en cause l'apparente pertinence de toute représentation d'un amour divin condescendant [30].

Au cours de l'histoire, de nombreuses représentations de Dieu ont été conditionnées, parfois à leur insu, par une argumentation que le théologien Anders Nygren résume en ces termes : « Dieu n'éprouve aucun besoin ; il n'a donc aucun désir, aucune aspiration. Il ne peut pas s'élever plus haut qu'il n'est. Il peut encore bien moins s'agir de l'amour de Dieu pour l'homme, car cela impliquerait que Dieu s'abaisse de sa perfection et de sa félicité divines vers une réalité inférieure[a]. » Une telle argumentation n'est pas sans rappeler tout un héritage philosophique selon lequel Dieu, n'ayant théoriquement aucun besoin, ne saurait ressentir le moindre désir. Cette problématique était déjà celle de Platon, au IVe siècle avant Jésus Christ, qui, convaincu que Dieu, par la perfection de sa nature divine, ne saurait manquer de quoi que ce soit, appliquait très rigoureusement à sa conception de l'Être divin le principe suivant : « Celui qui désire désire une chose qui lui manque et ne désire pas ce qui ne lui manque pas[b]. » Il allait entraîner à sa suite les plus grands philosophes de l'Antiquité grecque à ne méditer que sur le désir de Dieu en tant que désir de l'être humain pour Dieu et non en tant que désir de Dieu pour l'être humain[31]. Ceux-ci finirent par se représenter un Dieu introverti, impassible, conçu de façon froide et abstraite, représentation que recouvrira, d'une manière parfois caricaturale, l'appellation de « Dieu des philosophes ».

Est-il besoin de rappeler que l'influence de la philosophie grecque fut considérable, y compris sur ceux qui, comme les premiers penseurs chrétiens – les « Pères de l'Église » –, tentèrent de s'en distinguer à bien des égards ? La théologie chrétienne se devait de réagir contre ce « Dieu des philosophes », car sa foi évoque au contraire un Dieu qui n'est pas introverti mais se tourne vers sa créature pour la rejoindre et lui offrir son amour. Cependant, l'histoire de la pensée l'a souvent vérifié : même le fait de réagir contre telle ou telle approche

a. *Éros et Agapè*, Paris, Aubier, 1944, tome 1, p. 237.
b. *Le Banquet*, 200-201.

revient parfois à penser à partir des catégories dans lesquelles évolue l'approche concernée et à en demeurer encore dépendant, au point de ne plus disposer d'une liberté intérieure suffisante pour aborder la question sous d'autres angles, pour s'ouvrir à de nouveaux horizons plus éclairants. Cette dialectique entre la question de Dieu et celle du besoin, du manque et du désir a probablement renforcé la tendance d'une certaine théologie chrétienne à se défendre d'évoquer un Dieu qui connaîtrait un manque d'amour et qui aurait créé l'être humain dans le but de pallier ce manque de façon intéressée. Un triple risque en découle : le risque de ne souligner que l'aspect oblatif et désintéressé de l'amour divin, un amour qui ne serait préoccupé que du bonheur de l'autre, que de l'attention portée à l'autre, que de veiller sur l'autre ; puis le risque d'aller jusqu'à opposer des facettes du mystère de l'amour qui ne s'opposent pas, à savoir d'un côté celle du désir de donner et d'aimer, et de l'autre celle du désir de recevoir et d'être aimé ; enfin le risque de finir par confondre, consciemment ou inconsciemment, ce désir d'être aimé avec une forme d'égoïsme, au point de l'exclure d'emblée de toute représentation de Dieu. Face à ce triple risque, il importe de mettre en évidence les deux principales lacunes du raisonnement philosophique précédemment exposé, lacunes qui ont laissé des traces sur la pensée théologique jusqu'à aujourd'hui : d'une part, une conception de la perfection divine trop dépendante de la problématique du besoin et du manque ; d'autre part, un lien entre les notions de besoin, de manque et de désir trop réducteur, ne tenant pas suffisamment compte de la complexité inhérente à l'élaboration psychique du désir.

Le lien entre la perfection divine et les notions de besoin ou de manque se révèle symptomatique de l'emprise, sur les penseurs concernés, de la projection inconsciente précédemment démasquée relative à la soif d'une grandeur distante : toute leur réflexion est centrée sur une autonomie dont la plus haute expression consisterait à n'avoir besoin de rien ni de personne et à se complaire dans cette autosuffisance. Or, d'un point de vue psychologique, le véritable accomplissement de cette autonomie se situe dans la volonté et la capacité d'élaborer des relations aussi harmonieuses que possible. Cette différence de perspective invite à ne plus se focaliser sur la question du besoin et du manque, afin de considérer davantage le dynamisme interne à toute relation qui tendrait vers l'amour. Tenir compte de cet élan que l'amour porte en lui-même, cet élan à aimer sans cesse, à désirer sans cesse, c'est percevoir une autre dimension propre à la genèse du désir au sein d'une relation interpersonnelle : le désir n'y naît pas d'un besoin en tant que tel, mais il s'inscrit plus subtilement dans la dynamique et l'évolution propres à la relation concernée qui, si elle s'oriente vers un développement de l'ordre de l'amour, ne peut qu'alimenter à un moment ou à un autre des désirs réciproques de plus en plus forts [32]. En d'autres termes, le développement de ces désirs réciproques relève davantage de la vérité de l'amour qui se noue à l'intérieur de ce lien interpersonnel que de la nécessité inhérente à un besoin pur et simple.

De plus, au sein d'un amour mature, la croissance du désir d'aimer et celle du désir d'être aimé finissent par devenir inséparables, inextricables, se nourrissant continuellement l'une de l'autre : le désir d'être aimé fait autant partie de la grandeur d'un amour réciproque que le désir d'aimer [33]. Savoir y reconnaître l'une des plus nobles et des plus belles aspirations qui soient, c'est non seulement apprendre à ne plus le déconsidérer, à ne plus le négliger – ni en soi-même [34], ni en l'autre, ni en Dieu ! –, mais c'est aussi apprendre à se libérer de la tendance à confondre ce désir d'être aimé avec une forme d'égoïsme. En réalité, le désir d'être aimé ne sombre dans une forme d'égoïsme que s'il ne s'accompagne plus – ou trop insuffisamment – du désir d'aimer l'autre et de contribuer à son bonheur. À l'inverse, si le désir d'aimer ne s'accompagne plus du désir d'être aimé, il risque fort de conduire à une forme de condescendance qui défigure tout autant le mystère de l'amour. Ce dernier atteint en effet son expression la plus haute s'il réunit de façon équilibrée et harmonieuse le désir d'aimer et le désir d'être aimé, et non s'il s'écarte de l'un ou de l'autre. Là réside peut-être le secret de son essence : l'amour aime et désire être aimé, l'amour ne peut qu'aimer et désirer être aimé, l'amour ne peut cesser d'aimer et de désirer être aimé ! En tirer les conséquences qui s'imposent pour toute tentative de se représenter un amour divin transcendant, c'est demeurer attentif à donner pleinement leur place à ces deux facettes du mystère de l'amour et à les porter à leur plus haut degré d'intensité dans le cœur d'un Dieu qui, en tant que Source suprême de l'amour, ne pourrait que désirer aimer intensément sa créature et être intensément aimé par elle en retour.

Quant à l'objection selon laquelle le désir d'être aimé par l'être humain correspondrait à un état d'abaissement indigne de Dieu, car, selon les termes employés par Anders Nygren, il impliquerait que « Dieu s'abaisse de sa perfection et de sa félicité divines vers une réalité inférieure », elle est tellement imprégnée de la projection inconsciente d'une soif de grandeur imposante ou distante qu'elle en oublie deux vérités fondamentales. Premièrement, le seul abaissement indigne de l'amour – et ce d'autant plus s'il s'agit de son expression divine – serait au contraire de ne pas suffisamment aimer et de ne pas suffisamment désirer être aimé. Deuxièmement, à moins d'être encore bien immature, celui qui prétend aimer n'identifie jamais l'être aimé à une « réalité inférieure », tant les notions d'infériorité ou de supériorité ne sont pas de l'ordre de l'amour : aux yeux d'un amour mature et réaliste, il n'existe ni êtres inférieurs ni êtres supérieurs, mais seulement des êtres aimés. Loin de tous ces courants théologiques où transpire si souvent un transfert inconscient des attributs humains communément assignés à une grandeur hiérarchique, saint Bernard de Clairvaux, lui, ne s'y est pas trompé en affirmant, au XIIe siècle, dans ses bouleversants commentaires du Cantique des cantiques où il compare Dieu à un « Époux » et l'âme à une « épouse » : « L'amour ignore le respect du rang. C'est d'aimer que vient le mot “amour”, non d'honorer. [...] Et lui l'Époux, qui aurait tout pour susciter l'honneur, et même l'effroi ou l'admiration, préfère de loin être aimé. Ils sont l'un pour l'autre Époux et épouse. Alors : quelle autre raison d'être, ou quel autre lien faut-il chercher entre deux époux que l'amour réciproque [a] ? »

---

a. *Invités aux noces, extraits des Sermons sur le Cantique des cantiques*, traduits et présentés par Pierre-Yves Émery, Paris, Desclée de Brouwer, 1979, p. 158.

Au cœur d'un amour inconditionnel

Parmi les blocages théologiques ayant favorisé cette insistance presque exclusive sur l'aspect oblatif et désintéressé de l'amour divin, il en est un qui mérite une attention particulière dans la mesure où ses motivations se rattachent à l'un des messages les plus novateurs du Christ. Pour saisir la véritable raison d'être de ce blocage, il importe donc, dans un premier temps, de mieux cerner le message concerné et le retournement de perspective qu'il provoque dans l'histoire spirituelle de l'humanité. Ce message n'est autre que l'annonce d'un amour divin offert à tous sans conditions à remplir au préalable, d'un amour inconditionnel, gratuit, qui ne repose pas sur de quelconques mérites humains mais sur la seule miséricorde de Dieu : « Le jour où apparurent la bonté de Dieu notre Sauveur et son amour pour les hommes, il ne s'est pas occupé des œuvres de justice que nous avions pu accomplir, mais, poussé par sa seule miséricorde, il nous a sauvés », écrit saint Paul[a] qui n'hésitera pas à résumer

---

a. Épître à Tite, chapitre 3, versets 4 et 5. Voir également l'Épître aux Éphésiens, chapitre 2, versets 4-5 et 9.

cette confiance dans une formule lapidaire : « Il n'est donc pas question de l'homme qui veut ou qui court, mais de Dieu qui fait miséricorde[a]. »

Or depuis la nuit des temps, nombre de sagesses, de spiritualités et de courants religieux les plus divers ont été naturellement conduits à présenter une possible relation avec l'Être suprême ou une union avec l'Ultime, ou encore une communion d'amour avec Dieu, non pas comme un don offert et accessible à tous dès le départ mais comme une récompense après un long cheminement plutôt réservé à une élite spirituelle – récompense de l'ordre du mérite, de l'effort, de l'ascèse, d'un perfectionnement accompagné d'exigences à n'en plus finir. À l'inverse, l'attitude du Christ à l'égard des personnes jugées en son temps les plus éloignées de Dieu par leur vie, leur comportement, leurs convictions, pourrait être traduite par ces mots : « Tu es déjà aimé de Dieu, qui que tu sois et quel que soit ton passé. Alors laisse-le t'aimer, ose accueillir dès maintenant son amour, y trouver peu à peu la guérison des blessures secrètes de ton cœur, et y puiser la joie de rendre à ton tour la vie belle à ceux qui te sont ou te seront confiés. » Aux yeux du Christ, l'amour du prochain, le choix d'aimer et de grandir sans cesse dans l'amour, n'est pas une condition à remplir en vue d'être aimé de Dieu, mais une conséquence de l'étonnante et joyeuse découverte d'être déjà aimé de Dieu.

Ce retournement est bien à l'image d'un Dieu dont l'apôtre Jean affirme : « Ce n'est pas nous qui avons aimé Dieu, mais c'est lui qui nous a aimés [...] le premier[b]. » Il est bien à l'image également d'un Dieu dont l'essence même serait

---

a. Épître aux Romains, chapitre 9, verset 16.
b. Première Épître de saint Jean, chapitre 4, versets 10 et 19.

amour, c'est-à-dire d'un Dieu qui ne peut qu'aimer et laisser rayonner sur tous son amour, « lever son soleil sur les méchants et sur les bons[a] » dit le Christ dans la droite ligne de son message que saint Jean, sans doute son plus proche disciple, résume clairement : « Voici le message que nous avons entendu de lui et que nous vous annonçons : Dieu est Lumière, en lui point de ténèbres[b]. » Mais il n'est pas étonnant qu'un retournement si radical et si éloigné d'une certaine logique humaine ait pu rencontrer tant de résistance, non seulement au sein des mouvements religieux de l'époque mais encore aujourd'hui, y compris dans les communautés chrétiennes elles-mêmes. Renaissent constamment des courants désireux de réinsérer telle ou telle condition à remplir pour recevoir l'amour divin, au point d'en oublier que cet amour est offert en priorité aux personnes supposées s'en être éloignées : « Ce ne sont pas les gens bien portants qui ont besoin de médecin, mais les malades. Allez donc apprendre ce que signifie : c'est la miséricorde que je veux, et non le sacrifice[c]. » Cette résistance se révèle d'autant plus redoutable qu'elle plonge ses racines dans le sentiment diffus de culpabilité et la réelle difficulté à se croire digne d'être aimé auxquels la deuxième partie de cet ouvrage était consacrée : la liste y fut longue d'obstacles à franchir pour apprendre à se réconcilier avec soi-même, pour se découvrir aussi comme un être blessé, puis accéder à la représentation d'un Dieu qui le sait et ne demande qu'à guérir les blessures de chacun au lieu de les agrandir davantage par le biais d'un jugement superficiel.

a. Évangile selon saint Matthieu, chapitre 5, verset 45.
b. Première Épître de saint Jean, chapitre 1, verset 5.
c. Évangile selon saint Matthieu, chapitre 9, versets 12 et 13.

Sans doute faut-il garder toutes ces considérations à l'esprit pour mieux saisir la réticence, éprouvée cette fois-ci par une théologie chrétienne conséquente avec l'Évangile, à souligner la présence, en Dieu même, d'un désir d'être aimé. Sa crainte est compréhensible vu l'omniprésence de cette tendance naturelle chez l'être humain à réintroduire continuellement des conditions à remplir en vue d'être aimé de Dieu : une insistance sur la présence, en Dieu même, d'une attente d'être aimé pourrait, elle aussi, réactiver ce processus en étant perçue comme une exigence dont la satisfaction conditionnerait le don de l'amour divin. Habités par cette préoccupation hautement louable, certains grands spirituels iront même jusqu'à affirmer que Dieu n'attend rien en retour, nourrissant dès lors, à leur insu peut-être, la représentation précédemment critiquée d'un Dieu d'amour condescendant. Or il importe de ne pas opposer des réalités qui ne s'opposent pas et surtout d'entrevoir que leur subtile articulation révèle même davantage à la fois la beauté propre à cet aspect inconditionnel de l'amour de Dieu et la beauté propre à son désir d'être aimé – désir d'être aimé dont il a déjà été précisé qu'il fait autant partie de la grandeur de l'amour que le désir d'aimer.

En effet, l'offre divine d'un amour inconditionnel n'implique pas que cet amour n'attende rien en retour, car le double fondement de sa gratuité ne serait pas remis en cause par la présence, en Dieu même, d'une attente d'être aimé. Son premier fondement consiste dans le fait que cet amour divin précède la réponse de l'être humain, et cela demeure vrai même si une réponse positive est ardemment désirée ; son deuxième fondement consiste dans le fait que ce Dieu d'amour continuera d'aimer l'être humain et de frapper à la porte de son cœur, quel que soit le contenu de sa réponse, et cela aussi demeure vrai même si une réponse positive est ardemment désirée. La clarification de ce double fondement permet de mieux situer ce désir, en Dieu même, d'être aimé par rapport à la gratuité de son amour inconditionnel : si une réponse positive de la part de l'être humain peut être si ardemment désirée, ce n'est pas parce qu'elle serait une condition à remplir en vue d'être aimé de Dieu, mais plutôt parce qu'elle demeure le seul moyen d'établir un jour une communion d'amour vécue à deux, cette dernière ne pouvant se passer de ce choix libre et mutuel en dehors duquel aucune relation ne se développe ni ne s'épanouit en vérité. Aux yeux d'un Dieu qui désirerait aimer intensément sa créature et être intensément aimé par elle en retour, rien ne saurait compter davantage que l'établissement d'une authentique réciprocité d'amour vécue en temps voulu, dans le respect de la liberté et de l'altérité de chacun. Au cœur de cet amour inconditionnel et de ce désir divin d'être aimé, c'est bel et bien une invitation à entrer dans une réciprocité d'amour vécue pour elle-même qui résonne comme un vibrant appel adressé à tous, et à chacun en particulier.

Quiconque aura ainsi peu à peu franchi les obstacles relatifs à la difficile reconnaissance d'un possible désir, en Dieu même, d'être aimé, s'étonnera peut-être de découvrir ou de redécouvrir à quel point la Bible elle-même témoigne de façon émouvante d'un tel désir divin, en particulier à travers cet appel que le Christ a présenté comme « le plus grand et le premier commandement[a] » : « Tu aimeras le Seigneur ton Dieu de tout ton cœur, de toute ton âme et de tout ton esprit[b]. » Ce sont peut-être les paroles bibliques à la fois les plus connues et les plus méconnues, tant les trois obstacles précédemment exposés, associés aux projections inconscientes

a. Évangile selon saint Matthieu, chapitre 22, verset 38.
b. Évangile selon saint Matthieu, chapitre 22, verset 37.

d'une soif de grandeur imposante ou distante, ne permettent habituellement pas de percevoir le poignant cri d'amour qui se cache derrière cet appel. Ces paroles ont presque toujours été comprises et commentées comme révélation du sens ultime de l'existence humaine, de ce vers quoi celle-ci doit tendre, jusqu'à en oublier que la Bible se veut aussi et surtout révélation du mystère même de Dieu. Or « le premier et le plus grand commandement » contient justement une révélation sur Dieu saisissante : la toute première demande adressée par Dieu à sa créature, ce n'est pas d'accomplir telle ou telle œuvre particulière, de suivre tel ou tel moralisme étroit ou encore d'adopter telle ou telle attitude pieuse, mais c'est de l'aimer, lui, Dieu, et de l'aimer de tout son être ! S'y révèle le cœur d'un Dieu qui désire ardemment être aimé, et être aimé non pas d'un amour partiel ou banal mais d'un amour total et passionné ! Quelles que soient les convictions de chacun en matière religieuse, force est de constater que ces paroles bibliques renferment un appel plus qu'étonnant : un appel émouvant, voire bouleversant. Toute demande sincère d'être aimé a quelque chose de bouleversant. Ce bouleversement peut même atteindre des sommets lorsque cette demande émane d'une personne dont la sensibilité et la beauté intérieure sont particulièrement développées. Or, selon la révélation chrétienne, il s'agit là d'un appel adressé par la Source suprême de l'amour elle-même, par l'Être le plus sensible et le plus aimant qui soit, et d'un appel intimement personnel adressé à chacun.

Un Dieu qui désire être intensément aimé : croyant, non-croyant ou en recherche, chacun aurait de quoi être interpellé par une telle représentation de Dieu, au point de remettre en cause le bien-fondé de ses associations d'idées habituelles lorsque la question de Dieu est évoquée. Pour ceux qui mènent déjà une vie intérieure, ce désir divin demeure une invitation à se délester des restes de la lointaine condescendance si caractéristique des représentations spontanées de Dieu les plus répandues ; il leur donne d'avancer ainsi encore plus loin sur le chemin d'une authentique réciprocité divino-humaine où le double mouvement constitutif de l'amour – celui d'être aimé et d'aimer – peut désormais tendre tout entier vers son plus haut degré d'intensité. Cet appel de Dieu à être intensément aimé les invite en effet à s'interroger chaque jour sur la manière dont ils pourraient dès maintenant lui offrir leurs énergies d'amour les plus intimes. La possibilité même d'un épanouissement de cette réciprocité d'amour en ressort considérablement grandie, tant il est vrai que le bonheur de l'être aimé dépend étroitement de la réponse offerte à ses attentes intimement personnelles – réponse dont la qualité demeure précisément liée au degré de compréhension et de lucidité engrangé à l'égard des attentes de son vis-à-vis. L'attention ainsi portée à la sensibilité et à l'attente de cette mystérieuse Présence divine [35] suscite finalement envers elle un comportement comparable à celui d'un homme découvrant avec émerveillement la sensibilité et l'attente de la femme qu'il aime : l'envie de lui offrir un amour de qualité s'en trouve plus que jamais éveillée, motivée et stimulée. Or cet éveil, cette motivation et cette stimulation se révèlent d'autant plus essentielles qu'ils favorisent l'intégration progressive de la sensibilité, de l'affectivité et de la manière d'aimer de l'être humain au sein de son éventuelle relation avec Dieu – intégration susceptible de porter peu à peu cette réciprocité d'amour à un degré d'intensité auquel elle n'aurait sinon jamais accédé [36].

Une capacité d'aimer inespérée

Le quatrième blocage relatif à la reconnaissance d'un désir, en Dieu même, d'être aimé n'est autre que la difficulté, éprouvée par chacun plus ou moins fortement, à reconnaître sa propre beauté intérieure, notamment la beauté cachée de sa propre capacité d'aimer. En effet, plus l'être humain doute de sa capacité d'aimer, plus il lui devient difficile de soupçonner qu'un Dieu d'amour pourrait apprécier celle-ci au point de désirer être aimé de lui. Même après avoir sérieusement pris en compte l'influence des blessures secrètes qui empêchent si souvent chacun de discerner sa propre beauté intérieure et celle des autres [a], la question demeure : comment l'être humain pourrait-il être en mesure d'aimer la Source suprême de l'amour elle-même dont l'essence correspondrait à l'expression ultime, transcendante de l'amour ? Comment pourrait-il se révéler capable d'aimer l'Être le plus sensible et le plus aimant qui soit, alors qu'il lui semble déjà si difficile de rendre heureuses les personnes auxquelles il tient le plus ici-bas ?

---

a. Voir le chapitre « Un Dieu qui connaît les blessures de chacun » dans la deuxième partie de cet ouvrage.

Une réciprocité d'amour divino-humaine peut paraître si improbable que nombre de courants spirituels se sont refusés à l'envisager ou à reconnaître la possibilité même de sa réalisation en ce monde. Ce refus constitue une raison supplémentaire de s'interroger sur le fondement à partir duquel la théologie chrétienne ose croire en cette possibilité pour l'être humain d'entrer dès maintenant dans une réciprocité d'amour avec Dieu, réciprocité qui n'atteindra, certes, son plein épanouissement que dans la vie d'éternité. Nul ne s'étonnera que ce fondement ne repose pas, lui, sur les aléas d'une subjectivité humaine aux prises avec le doute à la suite d'expériences parfois douloureuses – subjectivité si prompte à s'arrêter aux apparences et à jouer bien des mauvais tours à celui qui la choisit pour seul guide. En revanche, de nombreuses personnes seront surprises de découvrir que ce fondement, derrière sa formulation simpliste, voire naïve, cache une profondeur et une cohérence difficilement soupçonnables de prime abord. Il s'agit en fait d'une des croyances bibliques les plus anciennes, une croyance aux répercussions considérables sur la confiance en une mystérieuse correspondance divino-humaine grâce à laquelle une réciprocité relationnelle entre le Créateur et sa créature serait envisageable : « Dieu créa l'être humain à son image, à l'image de Dieu il le créa, homme et femme il les créa[a]. » De cette croyance dépend non seulement la compatibilité entre ce Dieu-Créateur et sa créature, mais aussi le degré d'aptitude du potentiel d'amour qui habite l'être humain à se hisser un jour au niveau d'un amour divin. La trace de ce potentiel d'amour est certes reconnaissable à la présence en chacun d'une inextinguible soif d'être aimé et d'aimer qui ne demanderait qu'à s'épanouir si

a. Livre de la Genèse, chapitre 1, verset 27.

elle se retrouvait dans des circonstances favorables à sa pleine expression, mais seule la création de ce potentiel d'amour à l'image de Dieu pourrait soutenir la confiance en une possible réciprocité d'amour divino-humaine. En définitive, tenter d'approfondir cette croyance, c'est descendre au cœur de sa confiance en un potentiel d'amour exceptionnel qui sommeillerait en chaque être humain et qui, même provisoirement abîmé ou paralysé par la dureté de la vie, n'en demeurerait pas moins bien présent et constitutif de son identité la plus authentique ; tenter d'approfondir cette croyance, c'est être invité à entrer dans le regard qu'elle pose sur la capacité d'aimer humaine, un regard en mesure de renouveler celui de chacun sur sa propre capacité d'aimer.

La portée considérable de cette croyance ne saurait toutefois être approfondie aujourd'hui sans avoir été au préalable confrontée à ses plus pertinents détracteurs, tant elle fut critiquée, voire tournée en dérision par certains courants de pensée athées. Sa critique marqua même un tournant décisif dans l'histoire de l'athéisme moderne, au XIXe siècle, sous l'inflexion du philosophe Ludwig Feuerbach qui pourrait être considéré, à bien des égards, comme le véritable père de la théorie de la projection inconsciente et de son application à la foi en Dieu. Il demeure en effet le principal instigateur du soupçon le plus souvent émis par l'athéisme à l'encontre de toute réflexion d'ordre théologique, soupçon qui n'est autre que l'habile inversion de la croyance ici interrogée : l'être humain, dans sa quête spirituelle, ne ferait que créer un dieu à son image. Ayant constaté l'omniprésence de ce processus de projection de soi dans nombre de représentations de Dieu, Ludwig Feuerbach finit par se persuader que Dieu n'existe pas, que « Dieu est le miroir de l'homme[a] », que « l'être divin n'est rien d'autre que l'essence humaine[b] », avant d'en conclure que « la religion, du moins la chrétienne, est la relation de l'homme à lui-même, ou plus exactement à son essence, mais à son essence comme à un autre être[c] ». Il entraîna à sa suite nombre d'illustres penseurs – selon la confession de Friedrich Engels : « Nous fûmes tous momentanément des "feuerbachiens"[d] » –, à commencer par Karl Marx et Sigmund Freud qui suivirent, sur ce point précis, la pensée de ce grand philosophe, tout en la déclinant avec leur génie propre dans leur domaine de prédilection respectif.

Cependant, en s'appuyant sur la théorie de la projection pour justifier leur athéisme, Ludwig Feuerbach et ses disciples franchirent un pas que la raison, à elle seule, n'autorise pas à franchir. Une distinction de premier ordre s'impose en effet entre la question de la représentation de Dieu et la question de l'existence de Dieu. Même dans le cas où l'influence de toutes les projections inconscientes possibles et imaginables s'avérerait bien au-delà de tout ce qui a pu être découvert à leur sujet, elle ne remettrait en cause que la représentation ainsi faite de Dieu et non l'existence de Dieu en tant que telle. Tirer de la théorie de la projection des conclusions hâtives sur la non-existence de Dieu, c'est outrepasser ses prérogatives, comme le rappelle le théologien Walter Kasper : « Du fait de la projection on peut simplement tirer un élément incontestablement subjectif dans notre connaissance, mais rien quant à la réalité même de l'objet expérimenté et connu. À l'aide de la théorie

a. *L'essence du christianisme*, Paris, Gallimard, 1992, p. 188.

b. *Ibid.*, p. 131.

c. *Ibid.*, p. 131.

d. *Ludwig Feuerbach et la fin de la philosophie classique allemande*, Paris, Éditions Sociales, 1945, p. 12.

de la projection on peut certes expliquer jusqu'à un certain degré les représentations subjectives de Dieu, mais on ne peut rien dire sur la réalité de Dieu lui-même[a]. » À cet égard, la facilité avec laquelle fut parfois récupérée la théorie de la projection pour nier l'existence de Dieu est comparable à la facilité avec laquelle la théorie de l'évolution fut parfois récupérée dans le même sens[37] : elles semblent toutes deux relever d'une même volonté de prétexter – à tort – des sciences humaines ou des sciences exactes pour se débarrasser, à la manière d'un règlement de comptes, de l'idée même de Dieu, cette dernière étant sans doute jugée trop révoltante, angoissante ou dérangeante par la personne concernée[38].

Quant au soupçon selon lequel l'être humain, dans sa quête spirituelle, ne ferait que créer un dieu à son image, il mériterait à son tour d'être soupçonné par quiconque souhaiterait déterminer l'apport le plus fiable de la théorie de la projection. Il va de soi que l'être humain ne peut appréhender une réalité donnée, quels que soient sa nature et le domaine auquel elle appartient, qu'à partir de catégories et d'éléments qu'il connaît d'un point de vue pratique ou théorique : toute appréhension du réel est nécessairement constituée de projections et de transferts, si bien que ce n'est jamais la réalité objective en tant que telle qui est perçue, mais une approche plus ou moins heureuse de sa véritable identité. S'appliquant à une représentation de Dieu, ce constat se révèle d'autant plus fondé que chacun ne dispose que de notions et d'images humaines pour concevoir une réalité qui, par définition même, n'appartient pas à cette condition terrestre. Par conséquent, le discernement à effectuer dans un tel domaine ne consiste pas à déterminer si oui ou non des projections interviennent au sein

a. *Le Dieu des chrétiens*, Paris, Cerf, 1985, p. 53.

d'une représentation de Dieu – elles interviennent ! – mais dans quelle mesure elles constituent une approche légitime du mystère concerné ou au contraire une défiguration préjudiciable à tout questionnement à son sujet. De plus, ce discernement se doit de distinguer au préalable les projections inconscientes des projections consciemment choisies dans le but de rendre compte d'un tel mystère : avant d'établir si ces dernières sont compatibles avec la croyance concernée, il s'agit d'identifier et d'écarter les projections inconscientes susceptibles d'entraîner d'emblée cette quête sur des chemins de traverse ; c'est pourquoi le présent ouvrage s'est attaché à effectuer systématiquement ce double recoupement, d'une part en démasquant certains mauvais tours joués par ces processus inconscients et d'autre part en veillant à la cohérence des représentations de Dieu délibérément choisies pour rendre compte de la croyance en un Dieu d'amour. L'analyse des projections inconscientes du désir infantile de toute-puissance, du regard sévère posé sur soi-même, de la soif d'une grandeur imposante ou distante a certes fourni des illustrations spectaculaires du risque encouru par l'être humain de créer un dieu à son image. Mais elle a surtout mis en évidence l'étendue de la conversion intérieure à effectuer pour passer de ces représentations religieuses spontanées à une représentation cohérente du Dieu d'amour annoncé par la révélation chrétienne [39]. Rendue possible par des prises de conscience souvent exigeantes et parfois même renversantes, cette représentation cohérente d'un Dieu d'amour interdit l'identification simpliste de toute représentation de Dieu à une illusion produite par des projections inconscientes à travers lesquelles l'être humain ne ferait que créer un dieu à son image [40].

Cependant, ce n'est pas l'exercice de ce discernement qui aura le plus manqué à nombre de penseurs pour déceler, derrière la croyance selon laquelle « Dieu créa l'être humain à son image », autre chose qu'une pensée plutôt naïve, tout juste bonne à être inversée avec brillance d'esprit ; ce qui leur aura sans doute le plus manqué pour y percevoir au contraire une profondeur et une cohérence rarement soupçonnées, c'est surtout une réflexion attentive au lien entre la perspective ultime poursuivie par ce Dieu d'amour et la supposée création de l'être humain à son image. En effet, si, comme le soutient la révélation chrétienne, il existe vraiment un Dieu dont l'objectif consiste à créer un être conscient qui puisse vivre un jour une réciprocité d'amour éternelle avec lui, alors la création de l'être humain à son image est tout simplement indispensable à la réalisation de son dessein : ce Dieu d'amour se trouverait dans l'impossibilité de mener une telle relation avec l'humanité, s'il n'avait pas veillé à ce que le genre humain dispose d'une manière d'attendre et d'offrir un amour qui corresponde suffisamment à la sienne[41] ! Au vu de l'impressionnante précision qui caractérise tant d'éléments, de propriétés et de constantes de l'Univers, ou encore au vu de la subtile coordination et de la prodigieuse ingéniosité créatrice qui ont prévalu tout au long de l'évolution, il paraît hautement improbable que la dimension qui serait la plus essentielle, celle qui justifierait l'existence de toutes les autres, ait pu être négligée. Pour la spiritualité chrétienne, la confiance dans la beauté cachée de tout être humain, la confiance dans le potentiel d'amour exceptionnel qui l'habite, prend ses racines avant tout dans la confiance en cette cohérence du projet divin : la création de l'être humain étant précisément vouée à rendre ce dernier capable de vivre une réciprocité d'amour avec Dieu, seule cette mystérieuse correspondance entre les manières divine et humaine d'attendre et d'offrir un amour pouvait rendre possible une telle réciprocité divino-humaine. Comment ce Dieu d'amour aurait-il pu lancer à l'être humain un appel à l'aimer de tout son cœur, s'il n'avait pas veillé à ce que celui-ci dispose d'une capacité d'aimer inespérée ?

« Merveille que je suis, merveille que tes œuvres »

« Merveille que je suis, merveille que tes œuvres », ose s'exclamer le psalmiste[a] ! Que nul ne s'y trompe : aucune trace, dans cette confiance émerveillée, d'un quelconque orgueil, mais plutôt d'une authentique humilité qui le pousse à placer sa confiance non pas en ses propres impressions subjectives mais dans le projet de ce Dieu-Créateur dont la Bible affirme qu'il « vit tout ce qu'il avait fait : cela était très bon[b] ». Que nul ne s'y trompe : aucune trace, dans cette confiance émerveillée, d'un aveuglement qui nierait la présence en l'être humain de limites, de fragilités, de luttes et de blessures diverses, mais plutôt d'une lucidité qui aurait appris à reconnaître la présence en chacun d'un potentiel d'amour plus profond encore que ces limites, ces fragilités, ces luttes et ces blessures diverses[42] – potentiel d'amour qui ne demande en réalité qu'à s'épanouir. Que nul ne s'y trompe : aucune trace, dans cette confiance émerveillée, d'une

a. Psaume 139, verset 14.
b. Livre de la Genèse, chapitre 1, verset 31.

méconnaissance ou d'une relativisation du mal commis par soi-même ou par les autres, mais plutôt d'une capacité de discerner jusque derrière ce mal une soif d'être aimé et d'aimer qui aurait été blessée. Comme un rappel que même les actes les plus répréhensibles ne renvoient pas au fait que leur auteur serait mauvais en lui-même, mais ultimement à sa souffrance de ne pas s'être senti compris, reconnu et aimé autant qu'il l'aurait souhaité. Comme un rappel que tout comportement jugé répréhensible – à l'origine des doutes de chacun sur sa propre beauté intérieure ou celle des autres – renvoie paradoxalement à une blessure non cicatrisée qui elle-même renvoie à une sensibilité meurtrie, laquelle renvoie à son tour à une attente déçue qui elle-même renvoie à la grandeur de cette soif d'être aimé et d'aimer si caractéristique de la beauté intérieure de chacun [43] ! Comme un rappel que la perspicacité d'un regard posé sur les difficultés, les lenteurs, les errements et les chutes de l'être humain sur ce long chemin d'un continuel apprentissage de l'amour n'empêche pas de croire en son potentiel d'amour : à l'instar de tout potentiel qui n'aurait pu s'exercer dans des conditions propices à son épanouissement, ce n'est pas parce que ce potentiel d'amour ne se serait pas montré sous son meilleur jour qu'il faudrait conclure à son inexistence.

Ce regard perspicace demeure avant tout celui du Christ lui-même dans sa capacité à discerner, y compris sous les apparences du mal, les blessures secrètes de son vis-à-vis, blessures qu'il contribuait à guérir par le don de son amour, tout en invitant les personnes ainsi rencontrées à continuer d'apprendre à aimer. La compassion et l'amour si caractéristiques de son attitude demeurent le signe que ses appels à aimer – y compris les plus exigeants – ne sont pas à interpréter comme une incompréhension des blessures de l'être humain, comme un manque de respect à l'égard du temps dont chacun peut avoir besoin pour guérir peu à peu, comme des conditions à remplir pour bénéficier de son amour ou encore comme un poids qu'il ferait peser sur les épaules de quiconque[44]. Ses appels à aimer sont au contraire à interpréter comme une marque de confiance et d'encouragement, comme une révélation indirecte de ce potentiel d'amour qu'il savait lire sous les contradictions du cœur humain, comme une manière de rassurer chacun sur sa beauté intérieure : « Même dans ces moments où tu en viens à douter de ta capacité d'aimer, sache que moi, le Christ, je continue à croire en toi. Ta beauté intérieure, celle que les autres ne soupçonnent souvent pas, celle que tu ne soupçonnes parfois pas toi-même, moi je la connais. Elle dépasse tout ce que tu peux imaginer, car tu es une merveille de conscience et d'amour créée à l'image de Dieu afin de mener une réciprocité d'amour avec lui, et tu as donc tout ce qu'il faut en toi pour la vivre. Ose croire non seulement dans l'amour divin qui t'est porté dès maintenant, mais aussi dans les trésors d'amour et de tendresse qui sommeillent au plus profond de ton cœur ; ils te rendent capable de répondre à l'ardent désir de Dieu d'être aimé de toi ; ils te donneront de contribuer au bonheur de la Source suprême de l'amour elle-même[45]. » Aux yeux de la théologie chrétienne, la vie du Christ, grâce à son propre rayonnement dans l'amour, n'a pas seulement révélé le véritable visage si souvent défiguré de Dieu, mais aussi le véritable visage si souvent défiguré de l'être humain. Elle considère que l'expression plénière de ce potentiel d'amour s'est manifestée à travers l'humanité même de Jésus et y perçoit une confirmation concrète de la véritable identité de l'être humain en tant qu'être réellement créé à l'image de Dieu, en tant qu'être réellement capable de vivre une intense communion avec Dieu.

« Merveille que je suis, merveille que tes œuvres » : une vision magnifique de l'être humain, de son identité la plus authentique et de sa beauté intérieure se laisse entrevoir à la lumière d'une théologie attentive à prendre sérieusement en compte la perspective ultime poursuivie par ce Dieu d'amour et les répercussions concrètes de cette perspective sur la création de l'être humain à son image. Cette vision fait apparaître l'étendue de la conversion qu'une foi chrétienne mature se doit d'effectuer par rapport à un certain christianisme historique qui a cru magnifier la grandeur de Dieu en rabaissant systématiquement l'être humain [46], sans se rendre compte qu'il défigurait ainsi le visage de sa propre foi. L'usage par une certaine catéchèse d'une culpabilisation à outrance, comparable à bien des égards à une manipulation de conscience [47], a souvent nourri chez nombre de croyants la difficulté à se croire dignes d'être aimés, heureux et joyeux. Cette difficulté intérieure a toujours alimenté les spiritualités les plus axées sur des formes de privation, de renoncement, d'humiliation et autres comportements prétendus « pieux » dont l'ambiguïté poussa Friedrich Nietzsche à user de la formule assassine : « Ils n'ont su aimer leur Dieu qu'en crucifiant l'homme [a]. » Pareil rabaissement de l'être humain contribua à renforcer dans les mentalités la représentation d'un Dieu sadique qui serait jaloux non seulement du plaisir et du bonheur de l'être humain, mais aussi du savoir et de la raison humaine. Cette tendance à rabaisser l'être humain fut à l'origine de l'opposition croissante, dès la Renaissance, entre d'un côté la pensée théologique et de l'autre l'humanisme et les sciences. Une telle opposition finit par conduire nombre d'illustres penseurs à ne voir qu'une échappatoire possible à cette tension continue : décréter « la mort de

a. *Ainsi parlait Zarathoustra*, Paris, Aubier, 1946, p. 197.

Dieu » afin que l'être humain puisse vivre et s'épanouir pleinement, selon les propos incantatoires de Friedrich Nietzsche : « Ce Dieu est mort ! Hommes supérieurs, ce Dieu était votre pire danger. [...] Dieu est mort. Mais nous, nous voulons à présent que le Surhumain vive[a]. » Garder à l'esprit cette trame historique, c'est goûter d'autant plus la valeur d'une théologie qui tiendrait suffisamment compte du fondement ultime de la grandeur et de la beauté de l'être humain : avoir été créé à l'image de Dieu en vue de vivre avec lui une réciprocité d'amour qui n'aura pas de fin[48] ; c'est goûter d'autant plus également la valeur d'une théologie vraiment cohérente avec la croyance en un Dieu d'amour, à savoir une théologie suffisamment consciente qu'un tel Dieu, comme chaque personne qui aime en vérité, ne pourrait que se réjouir profondément de tout ce qui procure de la joie, du plaisir et du bonheur à l'être aimé.

Révolté contre une représentation de Dieu qui lui semblait synonyme de souffrance et de mort, de renoncement à la joie et à la vie, de négation de la beauté de l'existence et de la grandeur humaine, Friedrich Nietzsche proclamait par l'intermédiaire de son Zarathoustra : « Je ne peux croire qu'à un Dieu qui saurait danser[b]. » Il aurait sans doute apprécié les accents de joie et de danse fortement soulignés dans ce texte biblique du prophète Sophonie : « [Ton Dieu] exultera pour toi de joie, il te renouvellera par son amour ; il dansera pour toi avec des cris de joie[c] » ; ou encore la fresque de l'église Saint-Sauveur de Chôra, à Constantinople, sur laquelle le Christ ébauche un pas de danse en sauvant l'humanité, attitude que le théologien Olivier Clément commente en ces termes : « Le Christ

a. *Ibid.*, p. 551-553.
b. *Ibid.*, p. 107.
c. Livre de Sophonie, chapitre 3, verset 17.

descend dans l'enfer, il écrase les portes de l'enfer avec un pied ; et de l'autre, il ébauche un mouvement de remontée d'une blancheur fulgurante, et il arrache Adam et Ève à leurs tombeaux ! Le voilà, le "Dieu qui danse" ! Et le chrétien, c'est un homme qui danse dans la joie de savoir que l'amour est plus fort que la mort[a]. » En cela réside, pour une foi chrétienne vraiment mature, la plus belle des danses auxquelles un cœur humain saurait être convié : danser dans la joie d'avoir été créé pour vivre une réciprocité d'amour éternelle et d'avoir en soi toute la beauté intérieure, tout le potentiel d'amour nécessaires pour oser y entrer dès aujourd'hui ; et ce, pour son plus grand bonheur et celui d'un Dieu d'amour qui serait assurément le premier à souhaiter que cette vie intérieure et cette vie ici-bas, avec tout l'amour qu'elles peuvent l'une et l'autre contenir, ne cessent de tendre chaque jour vers leur plus haut degré d'intensité[49].

« Merveille que je suis, merveille que tes œuvres » : cette confiance émerveillée vient à son tour libérer du conditionnement en partie inconscient qui pousse si souvent l'être humain – qu'il se dise « croyant » ou non – à se représenter une éventuelle transcendance divine sous la forme d'une lointaine condescendance. Elle couronne un cheminement qui a vu se dévoiler peu à peu une représentation de la transcendance divine tout autre que celle suggérée par les projections inconscientes d'une soif de grandeur imposante ou distante – cheminement ponctué de nombreux appels à convertir notamment les représentations les plus incompatibles avec le mystère d'un Dieu dont l'essence serait amour. S'en dégagent quatre fondements essentiels à une possible réciprocité divino-humaine dans l'amour, quatre piliers sur lesquels la mystique

a. *Taizé, un sens à la vie*, *op. cit.*, p. 31.

chrétienne invite à faire reposer l'édifice d'une vie intérieure : la vive conscience que la véritable grandeur d'un Dieu d'amour se trouve dans la qualité de son amour toujours offert, et non dans une attitude imposante, voire écrasante ; puis la vive conscience qu'il ne saurait s'agir non plus d'une transcendance divine désireuse de se maintenir à distance dans une froide suffisance, mais au contraire d'une transcendance divine désireuse de se tenir proche de chacun à tout moment – qu'il ressente ou non sa présence [50] – afin de l'inviter à entrer dans une réciprocité d'amour vécue pour elle-même ; ensuite la vive conscience qu'un Dieu d'amour ne peut que désirer être intensément aimé, et que cet appel bouleversant, adressé à chacun, demeure une invitation stimulante à aimer Dieu de tout son être, en intégrant toujours davantage sa propre humanité, sa propre sensibilité, sa propre affectivité, sa propre soif d'être aimé et d'aimer au sein d'une vie intérieure ; enfin la vive conscience qu'un Dieu-Créateur, déterminé à créer un être capable de vivre un amour avec lui, a nécessairement veillé à ce que chacun dispose d'un potentiel d'amour, d'une manière d'attendre et d'offrir un amour qui corresponde suffisamment à la sienne pour que son dessein soit pleinement réalisable. Sur cette mystérieuse correspondance divino-humaine repose ultimement la confiance qu'il est possible pour chacun, sans exception, d'entrer dès maintenant dans une telle réciprocité d'amour avec son cœur tel qu'il est, avec ses attentes et ses désirs tels qu'ils sont, avec cette profonde et puissante soif d'être aimé et d'aimer qui ne demande qu'à s'épanouir et à conduire cette union divino-humaine vers son plus haut degré d'intensité.

Facettes méconnues d'un amour encore plus grand

Projections inconscientes et représentations d'une tendresse divine

Certaines projections inconscientes se greffent sur les images mentales que suscite le langage théologique lorsque ce dernier a – inévitablement – recours à des analogies humaines pour évoquer un mystère dont la nature est d'un autre ordre. Nul doute à ce sujet : les représentations de Dieu véhiculées par telle ou telle analogie – la figure du père, par exemple – déclenchent en chacun des projections inconscientes liées à son histoire personnelle, à son profil psychologique et à son identité sexuée. Sous l'influence de ces projections, certaines personnes prendront leurs distances à l'égard d'un Dieu qui ne leur rappelle que trop des blessures non cicatrisées de leur enfance ou de leur jeunesse ; d'autres rejetteront de façon systématique toute perspective spirituelle alors devenue le bouc émissaire d'un règlement de comptes personnel ; d'autres encore ne mèneront leur vie intérieure qu'à travers le prisme de la seule analogie qu'ils ont retenue de leur éducation religieuse ou de la culture ambiante, avec ce double risque : soit l'analogie concernée est liée, consciemment ou inconsciemment, à une expérience plutôt négative dans leur vie et risque alors de ne pas permettre à leur relation avec Dieu de dépasser un certain degré de confiance et d'intimité ;

soit l'analogie concernée est liée, consciemment ou inconsciemment, à une expérience plutôt positive dans leur vie et risque alors d'alimenter une conception de Dieu réduite à ce seul aspect, au détriment d'autres facettes susceptibles de caractériser ce mystère divin.

Or un Dieu d'amour ne pourrait que souhaiter conduire sa créature toujours plus loin dans une confiance et une intimité avec lui, l'inviter à découvrir sans cesse que son amour divin est encore plus grand, sa tendresse divine encore au-delà de tout ce que l'être humain serait porté à croire. En prendre conscience amène à faire preuve de discernement à l'égard des analogies humaines employées dans tant de propos sur Dieu, à tenir compte du conditionnement culturel, psychologique et théologique dont elles portent inéluctablement la marque, à demeurer lucide sur leurs avantages et leurs inconvénients, à se libérer des représentations spontanées de Dieu qui, par leur lien exclusif avec telle ou telle analogie, rendent difficile l'accès à d'autres facettes propres au mystère d'un Dieu qui serait amour. Au fur et à mesure que cette quatrième partie effectuera ce discernement et démasquera ces projections inconscientes, elle rendra accessibles des facettes méconnues de cet amour divin, tout en révélant leur aptitude à soutenir le plein épanouissement d'une réciprocité d'amour divino-humaine.

Des enjeux d'une portée considérable

Pour évoquer le mystère d'un Dieu dont l'identité correspondrait à la source ultime de l'amour, l'emploi d'analogies relatives à une manière humaine d'être et d'aimer se doit d'abord d'éviter deux excès très répandus. Le premier consiste à projeter sans le moindre recul des attributs humains sur des attributs divins, comme s'il allait de soi que les uns et les autres fussent en tous points identiques. Cet excès ne tient pas suffisamment compte du fait que le mystère d'un Dieu-Créateur ne saurait appartenir, par sa nature divine, à la même dimension que sa propre création : les éléments constitutifs de cette dernière ne peuvent pas être situés exactement sur le même plan. Le deuxième excès consiste, à l'inverse, à s'appuyer sur la précédente clarification pour nier d'emblée que le mystère d'un Dieu-Créateur puisse avoir une quelconque correspondance avec le mystère de l'être humain. Cet excès ne tient pas suffisamment compte du fait qu'un Dieu-Créateur se devait de susciter un être conscient dont la manière d'attendre et d'offrir un amour corresponde suffisamment à la sienne, s'il souhaitait qu'une réciprocité d'amour divino-humaine puisse devenir réalité. À la lumière de ce projet divin, s'éclairent mutuellement l'assertion paulinienne selon laquelle « Dieu nous a élus dès avant la fondation du monde pour être saints et immaculés en sa présence dans l'amour[a] » et la vision biblique de la création : « Dieu créa l'être humain à son image, à son image il le créa, homme et femme il les créa[b] [51]. »

Certes, le degré de cette mystérieuse correspondance divino-humaine demeure non mesurable, mais son existence n'en constitue pas moins le fondement et la justification ultimes de l'emploi, dans la réflexion théologique, d'analogies relatives à une manière humaine d'être et d'aimer. Dès lors qu'elles seraient employées dans une perspective compatible avec la réciprocité d'amour recherchée par ce Dieu-Créateur, et qu'elles ne défigureraient pas la qualité d'amour propre à un tel Dieu, de telles analogies ne devraient pas être réduites à de simples artifices linguistiques dont l'usage n'aurait d'autre raison d'être que l'incapacité du genre humain à s'en passer ici-bas : elles devraient être considérées comme une approche légitime d'un mystère divin qui les dépasse sans pour autant leur être étranger.

La notion de mystère ajoute elle aussi un critère de discernement primordial pour un emploi fructueux d'analogies humaines dans des propos à connotation théologique. Contrairement à la signification qui lui est parfois attribuée dans le langage courant, le propre d'un mystère n'est pas de ne pas pouvoir être compris, mais plutôt de ne jamais avoir fini d'être compris. Appliquée au mystère d'un Dieu qui serait amour, cette distinction est d'autant plus essentielle qu'un tel Dieu ne pourrait que se réjouir de dévoiler sans cesse à l'être humain de

a. Épître de saint Paul aux Éphésiens, chapitre 1, verset 4.
b. Livre de la Genèse, chapitre 1, verset 27.

nouvelles facettes de son amour divin. Par conséquent, s'il importe de reconnaître derrière telle ou telle analogie particulièrement appropriée une réelle aptitude à s'approcher du mystère d'un Dieu d'amour, il importe également de surmonter le risque de ne percevoir cet amour divin que par le biais de cette seule analogie au détriment d'autres approches susceptibles de refléter diverses facettes de son mystère.

Ces critères de discernement laissent pressentir des enjeux d'une portée considérable, enjeux dont les répercussions concrètes sur toute quête de sens ou toute expérience spirituelle sont loin d'avoir toujours été perçues à leur juste valeur. Découvrir ou redécouvrir un à un ces enjeux, se laisser interpeller par chacun d'eux, c'est se donner les moyens de relever le défi relatif aux convictions des uns ou des autres : pour les personnes qui se pensent non-croyantes, le défi de ne pas demeurer dans une indifférence ou même un rejet de la question de Dieu à cause d'une analogie parfois inculquée dès l'enfance qui provoquerait un blocage pour des raisons personnelles, alors que cette représentation, souvent caricaturale, ne correspondrait, dans le meilleur des cas, qu'à une facette réductrice de ce mystère divin ; pour les personnes qui se pensent croyantes, le défi de ne pas demeurer conditionnées par telle ou telle représentation théologique au point de ne plus pouvoir s'ouvrir intérieurement à d'autres facettes possibles du mystère d'un Dieu d'amour, à d'autres manières possibles d'être aimées de Dieu et d'aimer Dieu [52].

Dépasser un conditionnement culturel réducteur

Parmi les analogies disponibles ici-bas pour refléter les diverses facettes d'un amour divin, les plus appropriées se rapportent naturellement aux relations d'amour les plus intenses et les plus belles dont la condition humaine se trouve dotée : l'amour conjugal, l'amour parental et l'amour fraternel, qui s'étend d'ailleurs au-delà du cercle de la seule fratrie pour s'épanouir également dans l'amitié. Cependant, à chaque époque et dans chaque société, la réflexion théologique a toujours porté la marque d'un héritage culturel et sociologique qui conditionne parfois fortement la représentation de Dieu. À cet égard, la mondialisation, le brassage des cultures, les échanges interdisciplinaires entre les chercheurs du monde entier en sciences exactes comme en sciences humaines, avec l'ouverture intellectuelle et spirituelle qui en découle, offrent à la femme et à l'homme du XXIe siècle une occasion unique de prendre du recul face à des conditionnements culturels et théologiques dont leurs prédécesseurs sont demeurés étroitement dépendants.

Dans l'histoire de la théologie, le conditionnement culturel de loin le plus spectaculaire – et le plus grave en raison de ses multiples répercussions sur le plan spirituel – demeure celui de la culture patriarcale dans sa propension à identifier la paternité et la virilité à des réalités supérieures à la maternité et à la féminité. Cette culture a largement contribué non seulement à maintenir la femme à un rang subalterne dans la société avec les multiples inégalités qui s'ensuivirent, mais aussi à rendre presque inemployable une imagerie féminine pour représenter un Dieu dont la supériorité sur l'humanité fut parfois comparée à celle que l'homme était censé avoir sur la femme [53] ! Sous son influence, l'emploi exclusif d'analogies masculines a tellement forgé et formaté le langage théologique au cours des siècles que nombre de croyants ne réalisent même pas, aujourd'hui encore, à quel point un tel emploi est aussi réducteur qu'injustifiable. Cet aveuglement a beau être typique du conditionnement dans lequel toute une culture et une manière de penser ont le pouvoir de contenir les esprits, il demeure néanmoins surprenant, tant le moindre effort de logique intellectuelle en démasque aisément les déficiences. De deux choses l'une : ou bien le mystère d'un Dieu d'amour est considéré par les uns comme n'ayant aucun rapport avec la réalité psychique de l'identité sexuée – à ne pas confondre avec la sexualité organique –, auquel cas il n'y a aucune raison d'employer davantage des analogies masculines que des analogies féminines ; ou bien le mystère d'un Dieu d'amour est considéré par les autres comme ayant un rapport avec la réalité psychique de l'identité sexuée, auquel cas il n'y a aucune raison non plus que ce lien n'existe qu'avec la moitié masculine de cette réalité ! Dans un cas comme dans l'autre, l'emploi exclusif d'analogies masculines pour évoquer le mystère de Dieu ne paraît pas acceptable.

Une lucidité et une vigilance à l'égard de cet emploi abusif et réducteur se révèlent d'autant plus importantes que ses répercussions sont considérables sur un cheminement intérieur, du fait notamment de la disposition psychologique que telle ou telle analogie suscite chez les personnes qui se disent « croyantes » comme chez celles qui se disent « non-croyantes ». Il suffit, pour s'en convaincre, de mettre côte à côte deux analogies qui, en dépit de leur aspect certes caricatural et de leur apparence quelque peu provocatrice, ont néanmoins le mérite de suggérer la puissance de l'image mentale et ses répercussions en termes d'intérêt, de confiance, de tendresse, de réponse et d'implication personnelles : ces diverses dispositions intérieures se révéleront très différentes selon qu'une personne considère se trouver en présence d'un vieillard barbu, au regard presque sévère et à la gestuelle plutôt autoritaire, ou bien d'une charmante jeune femme, avenante et souriante [54] !

Intégrer son humanité dans une réciprocité d'amour

Si l'importance d'exercer un discernement dans l'emploi d'analogies masculines et féminines au sein du langage théologique n'a jamais été vraiment perçue à sa juste valeur au cours de l'histoire, ce n'est pas seulement à cause de l'influence de la culture patriarcale, mais aussi à cause d'un manque de connaissance du fonctionnement de l'être humain, et en particulier de son psychisme dont l'exploration connut de formidables avancées dès le XIXe siècle [55]. Jusqu'alors, l'opposition simpliste du corps et de l'esprit, la conviction qu'il s'agissait de deux réalités totalement distinctes, sans rapport ou sans unité particulière, a prévalu, probablement sous l'emprise de la pensée platonicienne qui avait fini par gagner même les cercles chrétiens dont les origines s'enracinaient pourtant dans une pensée hébraïque attentive, elle, à une certaine unité physico-psychique. Cette opposition a longtemps conduit à négliger le thème de l'identité sexuée, à n'y voir qu'une réalité corporelle et finalement superficielle. Or, parmi les grandes découvertes de la psychologie dont le XXe siècle fut le témoin privilégié, figure au contraire l'importance du rôle joué par la dimension psychique de l'identité sexuée dans l'élaboration de la personnalité de chacun, dans sa gestion de toute relation interpersonnelle et en particulier dans sa manière d'être et d'aimer. Introducteur de la psychanalyse en France, le docteur Angelo Hesnard écrivait dès les années 1950 : « Lorsque, laissant momentanément de côté l'observation de la fonction érotique, le psychologue cherche à savoir ce qui caractérise, dans les deux sexes, le genre sexuel sur le plan psychologique, il confirme la loi énoncée par les physiologistes à propos de la sexualité organique, à savoir que pas un processus biologique n'est capable d'échapper à l'emprise sexuelle : dans la sphère psychique, tout élément apparent de la personnalité est "sexualisé", en ce sens qu'il est influencé par le fait d'être homme ou d'être femme. Il y a une manière masculine et une manière féminine de sentir et de juger la vie, de ressentir une émotion (inférieure, comme celle de l'identification avec un autre – enfant, malade, être qui souffre – ou supérieure comme l'exaltation religieuse ou le frisson esthétique), d'agir dans telle ou telle circonstance, voire même de concevoir philosophiquement[a]... »

La manière dont chaque être humain assume son identité masculine ou féminine, sans oublier chez l'homme sa propre part de féminité – l'*anima* – et chez la femme sa propre part de masculinité – l'*animus* –[56], se situe au cœur même de la gestion de toute relation interpersonnelle, y compris, donc, celle qui serait vécue dans le domaine spirituel avec Dieu[57]. Loin de se réduire à une question purement biologique liée à la reproduction de l'espèce, l'identité sexuée touche la globalité de l'être et détermine jusqu'aux recoins de la sensibilité de chacun, en particulier de son attente d'être aimé et d'aimer : elle fait partie intégrante du mystère de chaque personne[58], ce mystère de

a. *La sexologie*, Paris, Payot, 1959, p. 221-222.

conscience et d'amour que, d'après la révélation chrétienne, Dieu aime et dont il désire être intensément aimé. Quiconque souhaite aimer Dieu de tout son être, faire vibrer toutes les fibres de son être en réponse à l'appel adressé par ce Dieu d'amour, n'a pas d'autre perspective que d'apprendre à intégrer son humanité, sa sensibilité, son attente d'être aimé et d'aimer – toutes inséparables de son identité sexuée – dans une réciprocité d'amour divino-humaine alors vécue le plus pleinement possible[59]. Cette perspective révèle, ultimement, l'un des enjeux les plus essentiels de l'emploi d'analogies masculines et féminines au sein d'une réflexion théologique : éveiller et soutenir l'intégration maximale de son humanité tout entière dans une réciprocité d'amour avec Dieu, afin que cette dernière dispose des moyens d'accéder à son plus haut degré d'intensité[60].

Nourrir activement la confiance d'être aimé

L'envie d'aimer un tel Dieu de tout son être ne saurait poindre pour autant dans un cœur humain sans que ce dernier ait été au préalable profondément touché par cet amour divin, ce qui pose la question de la transmission d'un tel amour : toute croyance qui reconnaît un lien entre le mystère de Dieu et le mystère de l'amour sera constamment appelée à s'interroger sur le degré de confiance en l'amour de Dieu que son langage théologique se révèle ou non capable de faire grandir. La théologie chrétienne, qui a placé la révélation de cet amour divin au cœur de sa foi, ne saurait sous-estimer l'immensité du défi à relever, surtout si elle garde à l'esprit la difficulté de l'être humain à se croire digne d'être aimé, les montagnes de culpabilité et les diverses peurs secrètes de Dieu qui manquent rarement une occasion de se manifester.

Là encore, un discernement s'impose en vue du meilleur emploi possible d'analogies masculines et féminines, afin de ne pas trop défigurer un Dieu dont l'essence même serait amour. Or il paraît indéniable que le refoulement systématique des analogies féminines dans la réflexion théologique demeure un handicap dommageable à tous, dans la mesure où il prive la représentation de Dieu d'images mentales elles aussi susceptibles de rendre hommage à la beauté de son amour divin, de nourrir activement la confiance en un tel amour. Il ne s'agit pas d'alimenter une idéalisation naïve ou excessive de toute référence à une manière féminine d'être et d'aimer, idéalisation qui serait tout aussi symptomatique que son refoulement abusif. Il ne s'agit pas non plus de nier les inconvénients propres à l'emploi des analogies féminines : ils sont sans doute aussi nombreux que les inconvénients propres à l'emploi des analogies masculines. Mais il s'agit de reconnaître l'aptitude des analogies féminines à rendre compte d'une façon à la fois différente et particulièrement belle de certaines dimensions du mystère de l'amour, à commencer par tout ce qui est de l'ordre de la tendresse, de la compassion, de la bienveillance, de l'écoute, du réconfort ou encore du don inconditionnel de l'amour, plutôt caractéristique du lien maternel.

La confiance et l'adhésion affective que la figure de Marie a suscitées à travers les siècles, notamment dans les communautés chrétiennes catholiques et orthodoxes mais parfois bien au-delà des cercles chrétiens eux-mêmes, en sont une illustration frappante. Cependant Marie n'est pas Dieu, et chez nombre de croyants l'engouement pour le culte marial risque souvent de cacher deux défigurations indirectes d'un Dieu qui serait amour : chez les uns, une peur secrète de Dieu – inavouée ou en partie inconsciente – puisque la figure féminine souriante, accueillante et débordante de tendresse que Marie incarne à leurs yeux les met apparemment plus en confiance que la représentation qu'ils se font encore de Dieu (cette dernière correspondant sans doute à une déclinaison du père exigeant, voire sévère, à laquelle demeure la plupart du temps associée l'évocation de Dieu) ; chez les autres, une apparente difficulté à soupçonner que l'expression la plus haute de cette manière mariale d'être et d'aimer se trouve en Dieu même, victimes en cela d'une réflexion spirituelle qui, depuis des siècles, a focalisé de façon systématique et exclusive sur la figure de Marie tout élément à connotation féminine. De fait, cette focalisation, loin de contribuer à l'intégration d'analogies féminines dans un langage sur Dieu, a au contraire renforcé ou entretenu une fausse polarité entre d'un côté une figure féminine qui serait celle de Marie et de l'autre une figure masculine qui serait celle de Dieu. Quel que soit leur degré d'enracinement dans la conscience ou dans l'inconscient, cette peur secrète et cette fausse dualité rendent difficile l'intériorisation d'une réalité qui devrait pourtant être perçue comme une conséquence immédiate de l'existence d'un Dieu dont l'essence correspondrait à l'expression ultime de l'amour : personne ne saurait être mieux placé que ce Dieu-là pour offrir à chacun un amour débordant de la compréhension bienveillante et de la tendresse émouvante dont la femme est souvent la plus belle incarnation ici-bas [61].

Cette dernière prise de conscience implique de demeurer vigilant à ce qu'une intégration d'analogies féminines reflète la beauté d'un Dieu d'amour à travers toutes les facettes de la femme et du mystère propre à celle-ci, et non uniquement à travers les images de mère et de vierge auxquelles l'ont presque toujours réduite bien des recours à la figure mariale. Ce défi paraît d'autant plus grand qu'il renvoie au double risque engendré par l'ambivalence de la figure maternelle dans le psychisme humain, et, plus précisément, dans la psyché masculine telle que la psychologie clinique n'a cessé de l'observer : d'une part, l'empreinte positive de l'imago maternelle nourrit le risque bien réel d'un attachement fusionnel à la mère – alors inconsciemment désirée vierge – qui empêche de donner une véritable place à une autre femme dans sa vie intérieure comme dans sa manière de penser ; d'autre part, l'empreinte négative de l'imago maternelle, liée à la perception dès la petite enfance de la toute-puissance terrifiante de la mère, renvoie à une dépendance humiliante et suffisamment détestée pour nourrir le risque d'un refoulement systématique de toute imagerie à connotation féminine. Cette ambivalence met en évidence certaines complicités souterraines d'ordre psychologique sans lesquelles la culture patriarcale à elle seule n'aurait sans doute pas pu imposer aussi longtemps sa loi dans un langage théologique qui, tout au long de l'histoire, s'est retrouvé presque exclusivement sous la responsabilité d'hommes potentiellement exposés à ce double risque.

Garder à l'esprit ces multiples aspects propres au défi de faire rayonner la beauté d'un Dieu d'amour également à travers des analogies relatives à une manière féminine d'être et d'aimer, c'est disposer peu à peu de critères de discernement aptes à donner enfin leur place de complémentarité et de réciprocité à de telles analogies. L'exercice de ce discernement ne laissera pas indifférents ceux qui ont connu la grâce d'entrevoir ici-bas, à travers un amour ou une amitié de qualité ayant vraiment compté dans leur vie personnelle, la capacité de la femme et de son mystère à refléter la beauté d'un Dieu qui serait amour ; il ne laissera pas indifférents non plus ceux qui demeurent à la fois lucides et vigilants face à la priorité absolue et à la visée ultime du langage employé par une théologie censée transmettre l'amour de Dieu : nourrir activement en chacun la confiance d'être aimé.

Un mystère à découvrir et explorer sans cesse

À ces deux précédents enjeux que sont d'une part le soutien de la confiance d'être aimé de Dieu, et d'autre part le soutien d'une intégration de sa propre attente d'être aimé et d'aimer dans une réciprocité d'amour avec Dieu, s'en ajoute un autre, lui aussi d'une portée considérable : la recherche et la découverte incessantes de ce qui pourrait être caractéristique du mystère d'un Dieu d'amour. Si, par sa nature même, le mystère de Dieu n'aura jamais fini d'être découvert et compris par l'être humain, ce dernier ne devrait-il pas alors se tenir à l'écoute des découvertes effectuées par les sciences humaines – entre autres – qui pourraient lui fournir indirectement de précieuses informations dans cette quête ? La prise en considération d'une mystérieuse correspondance divino-humaine dans l'amour ne confère pas seulement à l'emploi d'analogies humaines la justification ultime dont il a déjà été question, mais elle invite aussi à reconnaître que certaines découvertes psychologiques relatives à la gestion humaine d'une réciprocité d'amour devraient être considérées comme une source d'information indirecte sur le mystère d'un Dieu soucieux de vivre une réciprocité d'amour avec sa créature. Toute personne ayant expérimenté au moins une fois dans sa vie un amour authentique en conviendra : si sa propre attente d'être aimé ne reçoit pas de l'autre une offre d'amour suffisamment compatible, ou si son propre désir d'aimer ne rejoint pas chez l'autre une attente d'être aimé suffisamment compatible, aucune réciprocité d'amour ne peut s'inscrire dans la durée. Il ne s'agit donc pas d'un détail insignifiant, mais de la base même en dehors de laquelle aucun amour ne peut s'épanouir en vérité. À partir du moment où il a été établi que la gestion psychologique de cette attente d'être aimé et d'aimer n'est pas séparable chez l'être humain de son identité sexuée, une certaine forme de compatibilité entre cette dernière et le mystère même d'un Dieu d'amour mériterait d'être plus sérieusement prise en considération. Certes, ce minimum de compatibilité ne saurait être mesuré ou réduit à des catégories humaines en tant que telles, mais, comme l'a rappelé l'un des grands noms de la théologie chrétienne du XXe siècle, le dominicain Yves Congar : « Si "Dieu créa l'homme à son image, à l'image de Dieu il le créa, homme et femme il les créa" (Genèse 1,27), il doit exister en Dieu, sous une forme transcendante, quelque chose qui réponde à la masculinité et quelque chose qui réponde à la féminité[a]. » Loin de se réduire à la seule préoccupation – néanmoins primordiale – de soutenir l'être humain dans une réciprocité d'amour vécue avec Dieu, l'emploi d'analogies masculines et féminines renvoie ultimement à un mystère divin que toute quête spirituelle et toute recherche théologique se doivent de toujours mieux découvrir, voire explorer au sein d'une vie intérieure, dans un incessant dialogue avec toutes les formes de connaissance relatives à l'identité profonde de l'être humain.

a. *Je crois en l'Esprit Saint*, Paris, Cerf, 1997, p. 721.

Quelles que soient les convictions de chacun à l'égard de l'un ou l'autre des multiples enjeux précédemment énumérés, le moindre d'entre eux justifierait déjà à lui seul de s'interroger sur l'emploi des analogies masculines et féminines le plus apte à ne pas défigurer la tendresse d'un Dieu d'amour ; et de s'interroger en particulier sur une intégration d'analogies féminines apte à faire bénéficier de leur rayonnement et de leur beauté propres toute tentative d'exprimer un reflet de cet amour divin. Mais de même qu'une réflexion d'ordre politique ne devrait pas se contenter de délivrer un juste diagnostic sur d'éventuelles lacunes de la société sans suggérer des solutions concrètes et réalisables, de même cette réflexion théologique souhaiterait suggérer quelques pistes concrètes – ni exhaustives, ni exclusives – soucieuses de favoriser un emploi lucide et équilibré d'analogies masculines et féminines. Ce rééquilibrage aura à cœur de montrer non seulement qu'une saine intégration d'analogies féminines est possible, mais aussi qu'elle est réellement capable de renouveler bien des regards – croyants ou non-croyants – sur un Dieu qui serait amour.

Si une telle démarche peut s'appliquer à nombre de traditions religieuses[62], elle s'effectuera dans la présente réflexion à partir du mystère chrétien de la Trinité. Souvent jugé par certains trop déconcertant, ce mystère trinitaire, grâce à son insistance sur l'existence en Dieu même de mouvements d'amour, de Personnes divines qui s'aiment si fortement qu'il s'en dégage une unité totale dans une altérité respectée, renvoie pourtant chacun, chrétien ou non, à sa propre expérience de l'amour et l'invite à se poser la question suivante : comment pourrait-il, en effet, exister un lien entre l'amour et un mystère divin, si ce dernier ne correspondait qu'à une solitude isolée dans le Ciel ? Souvent jugé par d'autres trop abstrait, ce mystère trinitaire, grâce aux mouvements d'amour interpersonnels qui le constituent, vient pourtant conférer à l'amour divino-humain et à l'amour humain une portée mystique synonyme d'un sens ultime qui pourrait fortement motiver le renouvellement d'un amour dans la durée. Au fur et à mesure qu'elle continuera de démasquer les projections inconscientes les plus préjudiciables à une quête de sens ou à une vie intérieure déjà développée, cette réflexion invitera chacun à renouveler son regard sur un tel amour divin et à y percevoir un sens à la vie où puiser une motivation des plus propices au renouvellement et à l'épanouissement quotidiens d'un amour humain comme d'un amour divino-humain.

Par-delà la figure du père

La figure du père demeure incontestablement l'une des images concrètes les plus souvent attribuées à Dieu par la réflexion théologique à travers les âges, en particulier dans les régions du monde imprégnées de culture judéo-chrétienne. Elle demeure sans doute la figure la plus ancrée dans la mémoire collective, voire la première à monter à la conscience de chacun lorsque la question de Dieu est évoquée. Or, parmi les transferts psychologiques qui se greffent sur cette figure du père, le plus commun repose sur la confusion entre les notions de paternité divine et de paternité humaine, renvoyant chacun inconsciemment à sa propre expérience du père. Les conséquences les plus dommageables d'un tel transfert touchent en priorité les personnes qui portent en elles une image plutôt négative du père, notamment si elles ont connu de sérieuses difficultés relationnelles avec leur propre père biologique. La probabilité demeure élevée qu'elles projettent alors sur leur représentation spontanée d'un Dieu-Père certains traits relatifs au comportement dont elles ont elles-mêmes souffert pendant leur enfance ou leur adolescence. S'ensuivent deux possibles répercussions aussi préjudiciables l'une que l'autre à leur quête de sens : ou bien cette projection paralyse chez ces personnes toute démarche spirituelle en alimentant un rejet plus ou moins virulent d'un Dieu devenu le bouc émissaire d'un règlement de comptes personnel ; ou bien cette projection défigure leur vie intérieure en la rendant prisonnière d'une conception de Dieu aussi illusoire que tyrannique dont leurs proches risquent à leur tour d'être les victimes. En outre, même sans entrer dans le cadre de difficultés relationnelles particulières, la figure du père se décline dans bien des vies, symboliquement ou concrètement, sous diverses formes de fermeté, d'intransigeance, de distance ou d'absence, autant de notions qui risquent de bloquer ou ralentir le développement d'une confiance et d'une intimité pourtant nécessaires à l'épanouissement d'une vie intérieure.

Il est plus rare que la confusion entre les notions de paternité divine et de paternité humaine soit soupçonnée d'être potentiellement dommageable au cheminement intérieur des personnes qui portent en elles une image plutôt positive du père. Pourtant, une vigilance serait là aussi bénéfique, et ce pour deux raisons précises. La première est liée aux réminiscences du complexe d'Œdipe qui demeurent présentes et toujours actives en chacun, quelle que soit la gestion que son psychisme en aura faite dès la petite enfance[63]. Ces réminiscences s'accompagnent d'un ambivalent mélange d'amour et de haine, de complicité et d'affrontement, d'admiration et de répulsion à l'égard de la figure du père qui peut entraîner diverses interférences inconscientes au sein de toute vie intérieure exclusivement axée sur l'analogie paternelle. Hormis le risque que cette ambivalence nourrisse une certaine instabilité relationnelle, l'interférence la plus néfaste se manifeste sous la forme d'un sentiment de culpabilité excessif à cause des pulsions meurtrières dont le psychisme a été habité envers le père suite à une aspiration fusionnelle avec la mère[a]. La tentative – inconsciente – de s'en faire pardonner risque alors d'être projetée sur la relation à un Dieu perçu comme un père, au point de contenir une vie intérieure dans le cadre d'une contrition permanente constituée d'implorations pieuses (« Seigneur, prends pitié ») qui ne soutiendront guère l'entrée dans une véritable réciprocité d'amour. Certes, un réel souci de ne pas blesser l'autre ou la tristesse de l'avoir blessé font partie intégrante du mystère de l'amour, mais celui qui aime – et à plus forte raison un Dieu dont l'essence même serait amour – n'attend pas de l'être aimé que ce dernier se morfonde en d'incessantes supplications ou demandes de pardon : il attend que l'être aimé accueille dans la joie l'amour qui lui est porté, qu'il lui offre le sien en retour, et qu'ils en vivent tous deux pleinement avec bonheur ! Quant à la deuxième raison pour laquelle même une image plutôt positive du père implique une certaine vigilance, elle se résume au risque qu'une représentation de Dieu bien vécue ne devienne la seule référence des personnes concernées. Cette tendance si répandue empêche souvent une vie intérieure de s'ouvrir à d'autres facettes susceptibles de caractériser la présence, la manière d'aimer et le désir d'être aimé propres à un Dieu qui serait amour. Une expérience spirituelle s'en trouve d'autant plus limitée que l'image mentale associée à Dieu conditionne fortement la manière de se laisser aimer par lui et de répondre à son amour.

Qu'il soit habité par une image plutôt négative ou plutôt positive du père, chacun gagnera tout d'abord à réaliser consciemment qu'il n'y a pas de raisons objectives de réduire la notion de paternité divine à celle de paternité humaine. Une

a. Voir le chapitre « Aux origines du sentiment de culpabilité » dans la deuxième partie de cet ouvrage.

fois énoncée, cette distinction paraît presque aller de soi, alors que de très nombreuses personnes ont été, sont et seront encore sous l'emprise de cette confusion et du transfert qui l'accompagne. Sigmund Freud lui-même a fondé la plupart de ses réflexions sur la religion à partir de la figure humaine du père, ce qui implique de prendre un sérieux recul par rapport à nombre de ses analyses. Le jésuite André Manaranche n'hésite pas à le souligner : « Malgré ses intuitions pertinentes, Freud a été, dans le contexte judéo-chrétien de l'Occident, la victime inconsciente d'une présentation "masculine" de la Divinité ; tout un aspect lui a échappé, à lui comme à son époque. [...] Les sciences humaines prétendent juger objectivement de la foi, mais elles n'aperçoivent pas combien leur diagnostic est en dépendance des représentations croyantes. Il faut sortir de ce jeu de miroirs [a]. »

---

a. *L'Esprit et la Femme*, Paris, Seuil, 1974, p. 13.

Paternité divine et maternité humaine

Une exégèse rigoureuse de la notion de paternité divine telle que la Bible la présente n'autorise pas sa réduction aux caractéristiques fondamentales d'une paternité humaine. Les répercussions de cette distinction sur l'image mentale associée à Dieu et sur les convictions de chacun justifient une triple clarification relative à la signification du mot « père » lors de son attribution à Dieu : d'abord, une clarification sur la signification de ce terme au sein du contexte historique, interreligieux et théologique dans lequel est advenu son premier emploi biblique ; ensuite, une clarification sur la signification élargie que la notion de paternité divine revêt dans l'Ancien Testament à la lumière des analogies maternelles employées par certains auteurs et surtout du comportement le plus caractéristique de ce Dieu désireux d'établir une alliance avec son peuple ; enfin, une clarification sur la signification du mot « père » dans la bouche du Christ lui-même et sur les critères de discernement qui en découlent pour tout emploi d'analogies humaines soucieuses d'être fidèles à la véritable spécificité du message évangélique.

La première clarification consiste à appréhender la signification de l'attribution à Dieu du mot « père » en resituant le contexte de son avènement au sein du vocabulaire théologique de la Bible. Outre l'influence de la culture patriarcale ambiante qui n'encourageait guère l'usage d'analogies féminines, il importe de souligner l'influence du contexte interreligieux de l'époque, car l'attribution à Dieu de la notion de père n'est pas une spécificité du peuple d'Israël. Ce terme était déjà employé depuis longtemps dans les croyances des peuples avoisinants, comme le rappelle l'exégète Joachim Jeremias : « L'ancien Orient considère la divinité comme le père des hommes, ou du moins de certains d'entre eux, et cette conception mythique y est largement répandue depuis les temps les plus reculés. [...] Il est manifeste que, dans l'Ancien Testament, la notion de Dieu-père se rattache à celle de l'ancien Orient[a]. » Paradoxalement, la spécificité d'Israël dans l'emploi de cette notion se situe en partie dans la réserve qu'il affiche à son égard, selon l'exégète Witold Marchel : « Alors que les peuplades qui vivaient dans l'entourage d'Israël donnaient couramment à leur dieu le titre de père, l'Ancien Testament témoigne d'une réserve remarquable à l'égard de ce titre[b]. » Cette réserve elle-même demeure en partie caractérisée par le refus de réduire la notion de paternité divine à l'image d'une paternité humaine biologique, comme le faisaient divers mythes de l'ancien Orient qui n'hésitaient pas à évoquer un « engendrement ». Joachim Jeremias relève ce dernier point, tout en indiquant une autre nouveauté essentielle à la compréhension de la véritable spécificité de

a. *Abba, Jésus et son Père*, Paris, Seuil, 1972, p. 10.

b. *Dieu Père dans le Nouveau Testament*, Paris, Cerf, 1966, p. 17. Joachim Jeremias précise à ce sujet : « [L'Ancien Testament] n'utilise que rarement (quinze fois seulement) le terme "père" pour désigner Dieu » (*op. cit.*, p. 10).

l'attribution à Dieu du mot « père » dans l'Ancien Testament : « Une différence existe, fondamentale. Un point, déjà, est significatif : pour la Bible, Dieu, le créateur et père, n'est jamais l'ancêtre ou celui qui engendre. [...] La nouveauté radicale, c'est que l'élection d'Israël comme premier-né s'est manifestée dans un acte historique : la sortie d'Égypte. Que la paternité de Dieu soit ainsi mise en relation avec une action historique, voilà qui modifie profondément la notion de père[a]. » Ce lien entre l'avènement du mot « père » dans la réflexion théologique de la Bible et cet événement historique précis – la sortie d'Égypte – montre que le choix de ce vocable ne provient pas, à l'origine, d'une simple analogie avec la figure humaine du père et encore moins d'une décision délibérée d'attribuer à Dieu une identité sexuée préférentielle : « Ce n'est pas toutefois un raisonnement par analogie qui a conduit Israël à nommer Dieu son Père ; c'est une expérience vécue. [...] Au début, c'est surtout dans une perspective collective et historique que la paternité divine est conçue : Dieu s'est révélé comme père d'Israël au moment de l'Exode, en se montrant son protecteur et son nourricier en même temps que son maître ; l'idée de base est celle d'une souveraineté bienfaisante[b]. » Prendre conscience que cet emploi n'était lié ni à une réflexion attenante à l'identité sexuée en tant que telle, ni à une focalisation sur l'image humaine du père en tant que telle, c'est être invité à approfondir la signification de cette paternité divine sans tomber dans l'écueil de son identification simpliste et réductrice aux seuls attributs psychologiques propres à la figure humaine du père. Ce bref recadrage vétérotestamentaire invite d'autant plus à cet approfondissement que la réserve des

---

a. *Op. cit.*, p. 10-11.

b. *Vocabulaire de théologie biblique*, Paris, Cerf, 1988, p. 966-967.

auteurs bibliques pour désigner Dieu comme père met aussi en valeur leur recours à une grande diversité d'analogies pour parler de Dieu, de sa présence divine auprès des humains ou de son activité salvifique : à des fréquences certes très disparates, ces analogies sont aussi variées que celles du père, de la mère, de l'époux, de l'épouse, de l'ami(e), du sauveur, du berger, du créateur, etc.[a] En outre, pour rendre compte du véritable fil conducteur des écrits vétérotestamentaires, à savoir l'alliance que le Dieu de la Bible contracte avec son peuple, l'analogie du couple, voire des fiançailles et des épousailles, a reçu une place de choix ; et ce, à la fois dans la littérature sapientielle – par exemple dans le Cantique des cantiques ou dans la désignation de la Sagesse divine comme « épouse » idéale[b] – et dans la littérature prophétique où Jérémie, Ézéchiel et Isaïe usent à leur tour de l'allégorie nuptiale[c] chère au prophète Osée : « Je te fiancerai à moi pour toujours ; je te fiancerai dans la justice et dans le droit, dans la tendresse et la miséricorde ; je te fiancerai à moi dans la fidélité, et tu

a. Voir, pour chacune de ces facettes, respectivement le Psaume 103,13 ; Isaïe 66,13 ; Osée 2,21-22 ; Sagesse 8,2 ; Psaume 41,12 ; Sagesse 1,6 ; Isaïe 63,8 ; Isaïe 40,11 ; Isaïe 45,18.

b. Livre de la Sagesse, chapitre 8, versets 2 et 16.

c. « Ainsi parle Yahvé : Je me rappelle l'affection de ta jeunesse, l'amour de tes fiançailles » (Jérémie 2,2). « Alors je passai près de toi et je te vis. C'était ton temps, le temps des amours. [...] Je m'engageai par serment, je fis un pacte avec toi – oracle du Seigneur Yahvé – et tu fus à moi » (Ézéchiel 16,8). « Ton créateur est ton époux, Yahvé Sabaot est son nom, le Saint d'Israël est ton rédempteur, on l'appelle le Dieu de toute la terre. Oui, comme une femme délaissée et accablée, Yahvé t'a appelée, comme la femme de sa jeunesse qui aurait été répudiée, dit ton Dieu. Un court instant je t'avais délaissée, ému d'une immense pitié, je vais t'unir à moi. [...] On ne te dira plus : "Délaissée" et de ta terre on ne dira plus : "Désolation". Mais on t'appellera : "Mon plaisir est en elle" et ta terre : "Épousée". Car Yahvé trouvera en toi son plaisir, et ta terre sera épousée. Comme un jeune homme épouse une vierge, ton bâtisseur t'épousera. Et c'est la joie de l'époux au sujet de l'épouse que ton Dieu éprouvera à ton sujet » (Isaïe 54,5-7 et 62,4-5).

connaîtras Yahvé. [...] Il adviendra en ce jour-là – oracle de Yahvé – que tu m'appelleras "Mon mari"[a]. » Cette diversité analogique conduit à conclure, avec Witold Marchel : « Le grand nombre de ces images, à lui seul, révèle que l'être de Dieu est trop riche, trop mystérieux, trop profond pour qu'on puisse l'exprimer par un seul mot, fût-ce celui de père[b]. »

La deuxième clarification relative à la signification du mot « père » lors de son attribution à Dieu consiste à considérer cette notion de paternité divine à la lumière d'une part des analogies maternelles auxquelles certains auteurs bibliques ont choisi de recourir, et d'autre part du comportement le plus caractéristique du Dieu de la Bible. Ces analogies maternelles ne sont pas très nombreuses[c], mais elles ont néanmoins le mérite d'exister, d'avoir été choisies malgré un contexte culturel et sociologique qui ne leur était pas favorable, ce qui leur confère d'autant plus de valeur et d'intérêt. Si leur simple existence est déjà une invitation à ne plus mettre en rapport la paternité divine avec la seule paternité humaine, leur point fort consiste surtout à exprimer un amour divin qui déborde de tendresse et n'abandonne jamais personne : « Comme celui que sa mère console, moi aussi, Yahvé, je vous consolerai » ou encore : « Une femme oublie-t-elle son petit enfant, cesse-t-elle de chérir le fruit de ses entrailles ? Même si les femmes oubliaient, moi, [Dieu,] je ne t'oublierai pas[d]. » Mais, loin de se contenter d'employer une fois de temps en temps quelques analogies maternelles, la littérature prophétique a surtout eu

a. Livre du prophète Osée, chapitre 2, versets 21-22 et 18.

b. *Dieu Père dans le Nouveau Testament*, *op. cit.*, p. 30.

c. Voir Deutéronome 32,6 et 18 ; Nombres 11,11-12 ; Isaïe 42,14 ; Isaïe 49,15 ; Isaïe 63,15 ; Isaïe 66,9-13 ; Jérémie 4,19 ; Jérémie 31,20 ; Osée 11,3-4 ; Osée 11,8 ; Job 38,28-29 ; Psaume 22,11.

d. Livre du prophète Isaïe, chapitre 66, verset 13, puis chapitre 49, verset 15.

recours au terme hébreu *rahamin* pour rendre compte de la miséricorde divine, un terme dont la théologienne Christiane Méroz souligne l'importance : « De même racine que le mot "rehem" qui signifie le sein maternel, l'utérus, "rahamin" apporte à la notion de miséricorde un élément féminin, maternel. [...] La métaphore biblique, les "entrailles de miséricorde", a une place de choix. En effet, "rahamin" est le clavier sur lequel se joue l'hymne quotidien de la relation entre Dieu et ses créatures. Il n'est d'approche réciproque de l'être humain et de Dieu que par la miséricorde, elle est la clé qui, toujours à nouveau, ouvre la porte de l'alliance [a] [64]. » En définitive, l'emploi du mot *rahamin* et des analogies maternelles rejoint et synthétise fidèlement le comportement le plus spécifique de ce Dieu désireux d'établir une alliance avec son peuple, comportement qui résume à lui seul toute l'histoire biblique : un Dieu qui, même incompris, rejeté et abandonné, continue malgré tout à aimer sa créature jusqu'au bout et à lui ouvrir inlassablement des chemins de salut [65]. Son comportement témoigne ainsi d'une attitude plutôt caractéristique d'un instinct de protection maternel, comme le précise Olivier Clément dans l'hommage qu'il rend à l'une des intuitions chères au théologien Paul Evdokimov : « La paternité divine en effet semble moins se refléter dans la paternité de l'homme que dans la maternité de la femme. Rien dans la nature masculine ne reproduit spontanément la catégorie religieuse de paternité, l'instinct paternel ne constitue pas l'homme comme l'instinct maternel constitue la femme [b]. » Cette intuition a le mérite de ne pas s'être arrêtée aux apparences et aux projections psychologiques

a. *Le visage maternel de Dieu*, Lausanne, Ouverture, 1989, p. 32 et 37-38.

b. « Paul Evdokimov, témoin de la beauté de Dieu », dans *Contacts*, tome XXIII, n°s 73-74, 1971, p. 76.

inhérentes à l'évocation d'une paternité divine, pour y percevoir une réalité ayant également un étroit rapport avec la manière d'être et d'aimer propre à une maternité humaine. S'y renouvelle le regard sur la capacité de certaines analogies féminines à refléter, elles aussi, la beauté d'un Dieu qui serait amour.

La troisième clarification relative à la signification du mot « père » lors de son attribution à Dieu dans la Bible consiste à discerner le sens qu'il revêt dans la bouche même du Christ, puis à en tirer les conséquences pour un emploi d'analogies masculines et féminines consacré à la représentation d'un Dieu d'amour. Un tel discernement demeure certes limité par la réelle difficulté à faire la part des choses entre d'un côté ce qui relève de la culture patriarcale ambiante et de l'éducation religieuse reçue, et de l'autre ce qui relève d'une expérience intime et d'un cheminement personnel vraiment révélateurs. La désignation de Dieu comme père ne peut être considérée en elle-même comme une spécificité de l'enseignement du Christ, puisqu'elle existait avant lui et même avant son usage par le peuple d'Israël. « Aux approches de l'ère chrétienne, Israël garde pleine conscience que Dieu est père de son peuple et de chacun de ses fidèles. [...] L'appellation de Père est fréquente dans les écrits rabbiniques, où l'on retrouve même, telle quelle, la formule "Notre Père, qui es dans les Cieux"[a] » : Jésus de Nazareth a reçu et assumé la foi de son peuple et, par conséquent, tout ce qui a été précédemment exposé à partir de l'Ancien Testament demeure le socle sur lequel repose fondamentalement son emploi du mot « Père ». À cet égard, cet emploi n'autorise pas davantage la réduction du mystère de Dieu à la projection pure et simple d'attributs psychologiques

a. *Vocabulaire de théologie biblique*, *op. cit.*, p. 968.

propres à la figure humaine du père, d'autant moins que la réserve observée dans l'Ancien Testament n'est pas absente des Évangiles synoptiques[66]. En outre, la véritable perspective de la dialectique du « Père » et du « Fils » – si appuyée dans l'Évangile de Jean – n'est pas de spéculer sur l'identité de Dieu en tant que père mais plutôt d'affirmer l'identité messianique de Jésus de Nazareth, le lien unique qui le rattache à Dieu, la connaissance de Dieu qui en découle et qui l'autorise à révéler son vrai visage. Plus précisément encore, ce n'est pas le mot « Père » en tant que tel, mais plutôt la manière dont Jésus l'emploie qui dévoile son intimité avec Dieu et son identité messianique[67]. La reconnaissance de cette intimité et de cette identité la plus profonde conduit à appréhender la réalité divine sous-jacente au mot « Père » à partir du comportement concret du Christ lui-même, selon sa parole : « Qui m'a vu a vu le Père[a]. » Cette affirmation très forte, dont le corollaire indissociable « Moi et le Père nous sommes un[b] » ne saurait être plus explicite, renvoie donc au comportement du Christ lui-même comme source d'une authentique connaissance de Dieu et non aux projections humaines habituellement suscitées par la notion de père : « Nul ne connaît le Père si ce n'est le Fils[c]. » Non pas que l'attitude du Christ soit venue abolir l'approche vétérotestamentaire de cette paternité divine[d], mais elle fait franchir un nouveau seuil à ce que cette approche avait pu pressentir de l'amour divin et d'une possible intimité avec Dieu : les Évangiles témoignent unanimement d'un Christ

a. Évangile selon saint Jean, chapitre 14, verset 9.

b. Évangile selon saint Jean, chapitre 10, verset 30.

c. Évangile selon saint Matthieu, chapitre 11, verset 27.

d. « N'allez pas croire que je sois venu abolir la Loi ou les Prophètes : je ne suis pas venu abolir, mais accomplir » (Évangile selon saint Matthieu, chapitre 5, verset 17).

dont les gestes et les paroles reflètent un Dieu d'amour qui se veut intimement proche de chacun[a], un Dieu d'amour qui recherche inlassablement même ceux qui seraient le plus éloignés de lui et ne veut abandonner personne[b], un Dieu d'amour qui veut guérir les blessures de chacun par son pardon toujours offert[c], un Dieu d'amour qui ne demande qu'à accueillir et à être accueilli[d], un Dieu d'amour qui désire être intensément aimé[e], un Dieu d'amour qui, même rejeté et abandonné, continue à pardonner et à aimer l'être humain jusqu'au bout[f]. À tel point que l'apôtre Jean, considéré comme son plus proche disciple, ne se contentera pas de rendre compte du comportement du Christ et de son message par le fameux « Dieu est amour[g] » ou par un renversement non moins central selon lequel « ce n'est pas nous qui avons aimé Dieu, mais c'est lui qui nous a aimés [...] le premier[h] », ou encore par une confiance libératrice que « si notre cœur venait à nous condamner, Dieu est plus grand que notre cœur[i] », mais aussi et surtout par une synthèse des plus éclairantes : « Voici le message que nous avons entendu de lui et que nous vous annonçons : Dieu est Lumière, en lui point de ténèbres[j]. » Tout en s'inscrivant dans l'évocation d'une paternité divine propre à la culture et à la tradition religieuse de son temps, le Christ laisse transparaître par sa vie la véritable identité de son

a. Voir Matthieu 10,7 ; Marc 1,15 ; Luc 9,10 ; Jean 14,23.
b. Voir Matthieu 18,12-14 ; Marc 2,16-17 ; Luc 15,4-32 ; Jean 3,16-17.
c. Voir Matthieu 9,10-13 ; Marc 2,3-12 ; Luc 15,11-32 ; Jean 8,3-11.
d. Voir Matthieu 10,40 ; Marc 9,37 ; Luc 18,17 ; Luc 19,2-10 ; Jean 14,2-3 et 23.
e. Voir Matthieu 22,37-38 ; Marc 12,30 ; Luc 10,27 ; Jean 21,15-17.
f. Voir Luc 23,33-34 ; Jean 13,37-38 et 18,25-27 avec 21,15-17.
g. Première Épître de saint Jean, chapitre 4, versets 8 et 16.
h. Première Épître de saint Jean, chapitre 4, versets 10 et 19.
i. Première Épître de saint Jean, chapitre 3, verset 20.
j. Première Épître de saint Jean, chapitre 1, verset 5.

« Père » qui, loin de pouvoir être réduite à la figure humaine du père, se présente comme la Source suprême d'un amour sans « ténèbres », sans ombre, sans connivence avec le mal, désireuse d'inviter chacun à entrer dès aujourd'hui[a] dans une réciprocité d'amour avec elle, dans cette dimension dénommée par le Christ le « Royaume de Dieu[b] » où peut se réaliser au plus profond de l'être une intimité divino-humaine appelée à croître jusque dans l'éternité. La théologienne Donna Singles note que le Christ présente ce mystérieux « Royaume de Dieu » à partir d'une multitude d'analogies et que, si l'analogie du père en fait bien sûr partie[68], Jésus n'hésite pas à avoir recours à des analogies féminines pour évoquer l'activité de Dieu : « [Elles] ont une place capitale dans la prédication de Jésus sur le Royaume, d'où leur importance fondamentale pour la question théologique : "Quel Dieu Jésus nous a-t-il révélé ?" Sous les traits d'une femme qui fait lever son pain (Luc 13,21), qui balaie sa maison afin de retrouver sa monnaie perdue (Luc 15,8-9), qui attend avec angoisse l'heure de son accouchement (Jean 16,21), c'est "Dieu-mère" qui montre sa tendresse, son souci pour les enfants issus de ses propres "entrailles"[c]. » Ce constat renvoie une fois de plus au seul véritable critère de discernement pour un usage d'analogies féminines et masculines conforme au message du Christ : loin de se plier à un quelconque conditionnement culturel ou psychologique, un tel usage devrait être guidé par cette priorité absolue qu'est le souci de défigurer le moins possible cette Source suprême d'un amour sans « ténèbres » et d'employer audacieusement les

a. Voir l'Évangile selon saint Luc, chapitre 19, verset 5.

b. Évangile selon saint Marc, chapitre 1, verset 15.

c. « La maternité de Dieu », article paru dans le journal *La Croix* du 21 décembre 1998.

analogies susceptibles de faire rayonner sa beauté divine dans toutes ses dimensions. Il importe de souligner avec Donna Singles combien une vigilance à intégrer sereinement des analogies féminines dans le langage théologique pourrait rejoindre l'attention du Christ à gommer les traits violents ou vengeurs que certains auteurs bibliques avaient cru bon d'attribuer parfois à une image virile de Dieu[69], sans se rendre compte qu'ils projetaient alors sur le comportement divin une logique humaine semblable à celle démasquée au cours de la deuxième partie de cet ouvrage : « C'est un fait : les images paternelles de Dieu se prêtent à une grande diversité d'interprétations, y compris celles de la colère ou de la vengeance. Au contraire, les images du langage maternel de Dieu vont toujours dans un seul et même sens : un amour incontournable, qui ne se fatigue jamais. D'où la force et la richesse de ces analogies pour renouveler le discours sur Dieu[a]. »

a. *Ibid.*

« Si mon père et ma mère m'abandonnent... »

Si l'emploi d'analogies maternelles semble en mesure d'offrir à toute tentative d'évoquer la paternité divine les moyens d'exprimer davantage la fidélité et la tendresse d'un Dieu qui serait amour, de telles analogies risquent néanmoins elles aussi de susciter des transferts psychologiques et des aspirations inconscientes potentiellement dommageables à une quête de sens ou à une expérience spirituelle. L'emploi de la figure de la mère implique un discernement aussi vigilant que celui de la figure du père à cause de trois processus inconscients dont la prise en considération invite à ne pas verser dans l'idéalisation excessive d'un recours à des analogies maternelles. Il s'agit notamment d'éviter que ce dernier ne tombe à son tour dans le même travers reproché au recours à des analogies paternelles : la tendance à devenir exclusif et à ne pas prendre en compte les raisons pour lesquelles une complémentarité entre analogies maternelles et paternelles apporterait un meilleur soutien à tout langage théologique soucieux de ne pas défigurer un amour divin encore plus grand que tout ce que l'être humain serait porté à croire.

Le premier de ces processus inconscients correspond au pendant féminin du transfert le plus commun à l'emploi de la figure du père : la figure de la mère renvoie chacun inconsciemment à sa propre expérience d'une présence maternelle, qu'il s'agisse de sa mère biologique ou d'autres personnes qui auraient pu indirectement la symboliser. Les conséquences les plus dommageables d'un tel transfert touchent en priorité les personnes qui portent en elles une image plutôt négative de la mère, notamment si elles ont connu de sérieuses difficultés relationnelles avec leur mère biologique. D'une manière comparable aux éventuelles répercussions néfastes liées à l'emploi de la figure du père, la probabilité demeure élevée que ces personnes projettent sur leur représentation spontanée d'un Dieu-Mère certains traits relatifs au comportement dont elles ont elles-mêmes souffert pendant leur enfance ou leur adolescence. S'ensuivent les mêmes risques de paralysie spirituelle liée au rejet d'un Dieu devenu le bouc émissaire d'un règlement de comptes personnel ou liée à l'adhésion à une conception de Dieu aussi illusoire que tyrannique. Avoir connaissance de ce possible transfert constitue déjà une première étape sur le chemin d'un discernement soucieux de diminuer l'impact des éventuels inconvénients suscités par un recours aux analogies maternelles afin de bénéficier d'autant plus de ses avantages [70], tout en confirmant l'importance de ne pas réduire le langage théologique à l'emploi d'une seule analogie.

Le deuxième processus inconscient à prendre en compte concerne, à l'inverse, quiconque pense être habité par une image éminemment positive de la mère. Les découvertes majeures de la psychologie sont parvenues à établir que, dans l'inconscient de tout être humain, l'image de la mère – même de la meilleure des mères – demeure ambivalente, la présence maternelle étant inconsciemment reliée dès la petite enfance à une puissance dominatrice synonyme à la fois d'un pouvoir de satisfaction des désirs et d'une dépendance humiliante, redoutée, voire détestée [71]. À la suite de ses recherches sur cette ambivalence, la psychanalyste Janine Chasseguet-Smirgel constate que « l'enfant des deux sexes a, de la meilleure et de la plus tendre des mères, une image terrifiante dans l'inconscient, résultant de l'hostilité projetée sur elle du fait de sa propre impuissance [a] ». D'après elle, même les relations mère-enfant les plus harmonieuses ne peuvent faire disparaître cette ambivalence : « L'impuissance primaire de l'enfant, les caractères intrinsèques de sa condition psycho-physiologique, les entraves inévitables de l'éducation, font que l'imago de la bonne mère toute-puissante ne recouvre jamais l'image de la terrifiante omnipotence de la mauvaise mère [b]. » Avoir connaissance de cette ambivalence [72] et de son possible transfert sur Dieu constitue une deuxième étape sur le chemin d'un discernement qui permet de mieux comprendre l'arrière-fond psychologique du refoulement des analogies féminines dans la réflexion théologique – complice, en cela, de la culture patriarcale ; en effet, une certaine résistance à leur donner leur place de complémentarité et de réciprocité dans l'évocation du mystère de Dieu pourrait bien se révéler proportionnelle au degré d'influence de la présence inconsciente de cette imago maternelle terrifiante. Le psychanalyste Thierry de Saussure n'hésite pas à le suggérer : « L'absence déclarée de l'image féminine dans le Dieu trinitaire [...] signale peut-être de façon défensive une présence si puissante de l'imago maternelle primitive refoulée dans l'inconscient qu'on n'a pas su lui attribuer une place stable de complémentarité et de réciprocité. [...] [Ce

a. *La sexualité féminine*, Paris, Payot, 1970, p. 171.
b. *Ibid.*, p. 171.

refoulement vient] compenser les désirs et les angoisses inconscientes de l'homme face à l'image toute-puissante de la femme[a]. » Une telle prise de conscience libératrice pourrait soutenir une recherche sereine et fructueuse de l'attribution aux analogies féminines d'une véritable place de complémentarité et de réciprocité au sein du langage théologique.

Le troisième processus inconscient à ne pas négliger dans un tel domaine trouve sa source dans l'aspiration inconsciente à une union de type fusionnel avec la mère, aspiration présente en chacun dès la naissance et mue par un désir inconscient de retrouver l'état de sécurité et de bien-être du ventre maternel. Quelle que soit la force de cette aspiration inconsciente, quel que soit son degré de réactivation à divers moments de la vie en fonction des angoisses ou des pressions liées au monde extérieur, la psychologie identifie cette tentation fusionnelle à un état de régression infantile qui s'opposerait à un état de croissance caractérisé par le développement de relations interpersonnelles où chacun a conscience de demeurer lui-même et de le devenir toujours davantage. Dans cette distinction entre la fusion et la communion se joue l'authenticité même de l'amour, dont l'épanouissement ne se situe précisément pas dans une fusion où l'un des partenaires serait censé se fondre dans l'autre au point d'y perdre sa propre personnalité, mais dans une communion caractérisée par une union qui, tout en n'ayant rien à envier à l'union de la fusion, se réalise dans une altérité respectée grâce à laquelle chacun devient toujours plus lui-même. Or la même tentation fusionnelle risquerait d'être entretenue sur le plan spirituel par une représentation de Dieu exclusivement maternelle : le désir inconscient de retrouver un

---

a. « Questions psychanalytiques sur la prévalence masculine dans la religion chrétienne », dans *Études théologiques et religieuses*, tome 70 (3), 1995, p. 409-410 et 416.

état de fusion analogue à celui du tout-petit avec sa mère pourrait détourner une telle représentation théologique et conduire une vie intérieure davantage vers une régression infantile que vers une authentique réciprocité d'amour où s'épanouit l'inaliénable altérité de chacun[73]. Avoir connaissance de cette aspiration fusionnelle avec la mère – toujours prête à refaire surface – constitue ainsi une troisième étape sur le chemin d'un discernement qui laisse entrevoir l'importance de compléter ces analogies maternelles par des analogies paternelles : de même que la présence et le rôle du père sont censés empêcher cette union fusionnelle à la mère pour garantir la croissance harmonieuse de l'enfant, de même un langage théologique attentif à associer analogies paternelles et analogies maternelles pourrait davantage contribuer à une croissance spirituelle où chacun, dans sa relation à Dieu, aurait conscience de devenir ce qu'il est au plus profond de son être, tout en apprenant à assumer peu à peu avec maturité et responsabilité le rôle qui lui revient.

Si cette dernière image de la croissance d'un enfant bénéficiant d'un amour maternel et d'un amour paternel présente également – comme toute image – des limites et des inconvénients, elle permet néanmoins d'éviter que ne soit récupéré l'un de ces trois processus inconscients inhérents à l'emploi d'analogies maternelles pour exclure ces dernières du langage théologique[74]. Cette tentative de récupération est d'autant plus répandue qu'elle se trouve animée par un réflexe d'autodéfense, de justification de sa propre éducation religieuse souvent marquée par une confusion entre la notion de paternité divine et les caractéristiques fondamentales d'une paternité humaine. S'y renforce une tendance à refouler ou à sous-estimer les dangers propres à un recours à la figure du père, dont les éventuelles impressions de distance, voire d'absence, de dureté, voire de sévérité, ne sont pas des moindres. Même libéré de la réduction inconsciente de la paternité divine aux attributs liés à la figure humaine du père, l'exercice de ce discernement implique une vigilance pour pallier l'usage exclusif des analogies paternelles ou maternelles en puisant simultanément dans les registres de l'amour humain paternel et maternel, tout en les dépassant qualitativement : « Si mon père et ma mère m'abandonnent, Dieu m'accueillera[a] » ! Cette confiance et cette espérance du psalmiste synthétisent finalement tous les critères de discernement précédemment mis en évidence : une mystérieuse correspondance divino-humaine dans l'amour qui autorise le recours à des analogies paternelles et maternelles sans y réduire pour autant le mystère d'un Dieu qui les transcende ; une vigilance à ne pas demeurer prisonnier de certains conditionnements culturels et psychologiques ; et surtout un grand soin à ne pas défigurer une tendresse divine qui ne saurait être située exactement sur le même plan qu'un amour humain parfois défiguré par le mal[75]. Ainsi, le psalmiste compare la tendresse de ce Dieu d'amour à « la tendresse d'un père pour ses fils[b] » et à celle éprouvée par « un petit enfant contre sa mère[c] », pour finir par y voir, non plus un simple attribut de Dieu parmi d'autres, mais le cœur de l'essence divine elle-même : « Dieu est tendresse[d]. »

a. Psaume 27, verset 10.

b. Psaume 103, verset 13.

c. Psaume 131, verset 2.

d. Psaume 103, verset 8 ; Psaume 111, verset 4 ; Psaume 116, verset 5 ; Psaume 145, verset 8.

« Plus belle que le soleil »

Sous le joug des représentations théologiques véhiculées par telle culture ambiante, telle éducation religieuse ou encore telle difficulté à se croire digne d'être aimé, tant de personnes – croyantes ou non – n'ont pu même envisager la perspective de cette tendresse divine, avec toutes les conséquences que cet empêchement a pu entraîner sur leur vie intérieure, sur leurs convictions personnelles, voire sur leur intérêt pour la question de Dieu. Si l'intégration d'analogies maternelles invite déjà à prendre davantage en considération cette facette plutôt méconnue, elle risque néanmoins à son tour de rendre difficile l'accès à une autre analogie pourtant susceptible d'exprimer elle aussi cette mystérieuse correspondance entre une manière d'aimer féminine et celle d'un Dieu qui serait amour : l'analogie non plus de la mère mais de la femme en tant que telle. Certes, le refoulement de cette analogie demeure fondamentalement lié à l'influence de la culture patriarcale, à la méconnaissance de l'importance psychique de l'identité sexuée, et à la perception dès la petite enfance de la toute-puissance terrifiante de la mère qui pousse en effet le psychisme à refouler toute imagerie à connotation féminine en général, maternelle ou autre. Cependant, dans le cas précis de l'image de la femme, ce processus de refoulement provient également de l'ambivalence du psychisme à l'égard de la figure de la mère, ambivalence caractérisée par la cohabitation de la distance recherchée par réaction face à l'imago négative de la mère avec l'attachement recherché par réaction face à son imago positive. De fait, un attachement inconscient à la mère, plus ou moins actif selon l'évolution psychique du sujet, risque de limiter sa capacité à donner une place à une autre femme dans son intériorité comme dans sa pensée. Au sein de la psyché masculine, cet attachement ne se nourrit pas seulement du désir fusionnel déjà explicité, mais aussi du désir amoureux inhérent au complexe d'Œdipe dont la résolution n'est jamais définitive. Il est fort probable que ce processus inconscient ait lui aussi joué un rôle dans l'incapacité notoire à donner leur place à d'autres analogies féminines dans une certaine réflexion théologique qui s'est surtout retrouvée sous la responsabilité d'hommes potentiellement exposés à cette influence inconsciente. En prendre conscience, c'est devenir attentif à empêcher ce processus de profiter – comme il le fit vraisemblablement avec le développement du culte marial – d'une intégration réussie d'analogies maternelles dans le langage religieux pour nourrir, paradoxalement, le refoulement d'analogies relatives à la femme et à son mystère. Cette vigilance constitue un défi supplémentaire que ne saurait négliger toute quête soucieuse de discerner les analogies féminines et masculines en mesure d'exprimer au mieux les multiples facettes susceptibles de caractériser un amour divin.

Relever un tel défi implique finalement de ne plus se représenter le mystère de Dieu à partir des seules analogies paternelles et maternelles, afin de l'élargir à d'autres analogies masculines et féminines qui limiteront, par la même occasion, les risques éventuels d'une spiritualité infantilisante [76]. L'un des principaux obstacles à cet élargissement provient du fait que l'évocation de Dieu demeure liée dans bien des consciences, y compris chrétiennes, à un vague déisme autour duquel les rares associations d'idées se réduisent souvent à celles d'un Créateur, de l'Origine par excellence, et renvoient donc spontanément aux seules figures parentales, en particulier à celle du père. Or, pour la révélation chrétienne, le mystère de ce Dieu d'amour ne se limite pas à un simple théisme mais trouve son expression ultime dans le mystère de la Trinité, confessant l'existence en Dieu même de mouvements d'amour, de Personnes divines[77] qui s'aiment si fortement qu'il s'en dégage une unité totale[78] dans une altérité respectée[79]. Ce mystère trinitaire, tout en renvoyant chacun à sa propre expérience de l'amour – quel lien serait envisageable entre l'amour et l'essence même d'un mystère divin, si ce dernier n'était que solitude en lui-même[80] ? –, invite l'être humain à se joindre à cet amour divin, à entrer finalement dans une relation d'amour unique avec chaque Personne divine concernée, respectivement nommées dans la tradition chrétienne le « Père », le « Fils » et l'« Esprit Saint »[81]. La perspective de cette relation unique laisse entrevoir l'aptitude du mystère de la Trinité à exprimer la profondeur et la beauté de l'Être divin pressenties par les auteurs de l'Ancien Testament lorsque ceux-ci ont eu recours à des analogies aussi diverses que celle du père, de la mère, de l'époux, de l'épouse, de l'ami(e) : chaque facette du mystère de l'amour y devient vivante et réalisable en Dieu, avec Dieu.

L'évocation de ces diverses facettes renferme un appel à découvrir, à redécouvrir et à approfondir ce mystère trinitaire dans lequel se révélerait la Source suprême de l'amour. Pour ce qui est de la Personne du « Père », un langage analogique attentif à conjuguer tendresse maternelle et tendresse paternelle a déjà été suggéré afin de percevoir davantage la profondeur et la beauté propres à son amour. Pour ce qui est de la Personne du « Fils », la tradition chrétienne a recours à des analogies dont la diversité et la complémentarité peuvent difficilement être dépassées, puisqu'elles font référence aux liens d'amour les plus forts et les plus beaux qui existent ici-bas : le Christ y est régulièrement comparé à un ami[a], à un grand frère[b] ou à un époux[c 82] ; cette dernière image, qui assume toute la symbolique des fiançailles et des épousailles chère à la littérature prophétique et que le Christ s'applique à lui-même, est devenue la référence analogique par excellence de la mystique chrétienne à travers notamment de nombreux commentaires du Cantique des cantiques. En revanche, pour ce qui est de la Personne de l'« Esprit Saint », un langage analogique des plus abstraits a souvent poussé nombre de croyants, y compris des théologiens professionnels, à l'identifier à un « Dieu inconnu », selon l'expression choisie par le jésuite Victor Dillard pour résumer cette frustration qu'il invite à dépasser afin de découvrir « une personne attachante avec tout son mystère d'impénétrable centre et de fascinant rayonnement[d 83] ». Or, des trois Personnes divines, l'Esprit Saint est celle pour laquelle le recours à des analogies féminines serait le plus justifié, dans la mesure où il s'agit, selon la Bible, de la Personne qui donne la

---

a. « Je ne vous appelle plus serviteurs, car le serviteur ne sait pas ce que fait son maître ; mais je vous appelle amis, parce que tout ce que j'ai entendu de mon Père, je vous l'ai fait connaître » (Évangile selon saint Jean, chapitre 15, verset 15).

b. « Et nous savons qu'avec ceux qui l'aiment, Dieu collabore en tout pour leur bien, avec ceux qu'il a appelés selon son dessein. Car ceux que d'avance il a discernés, il les a aussi prédestinés à reproduire l'image de son Fils, afin qu'il soit l'aîné d'une multitude de frères » (Épître aux Romains, chapitre 8, versets 28 et 29).

c. Voir Matthieu 9,15 et 25,1-10 ; Marc 2,19 ; Luc 5,34 ; Jean 3,28-29.

d. *Au Dieu inconnu*, Paris, Beauchesne, 1938, p. 9.

vie, enfante spirituellement, inspire, console, réconforte [a] : toute une manière d'être et d'aimer [84] qui, certes, n'est pas forcément en tous points l'exclusivité de la femme ici-bas [85], mais se révèle néanmoins fondamentalement féminine [86]. Cet aspect de son mystère n'a pas échappé au dominicain Yves Congar et l'a même conduit à émettre ce constat : « S'agissant plus spécialement de l'Église – mais cela vaut aussi pour la société – un monothéisme prétrinitaire [où seul le "Père" vient à compter], ou un "christomonisme" de fait [où seul le Christ vient à compter], bref un certain oubli du Saint-Esprit et de la pneumatologie [du vocable grec *pneuma* qui peut signifier "souffle" ou "esprit"], ont entraîné l'instauration d'un type patriarcal et une dominante du masculin [b]. » Outre le refoulement d'une éventuelle dimension féminine pour toutes les raisons déjà évoquées, c'est effectivement un « certain oubli » de l'Esprit Saint qui constitue l'un des écueils majeurs de bien des réflexions théologiques, auquel s'ajoute très souvent une tendance à le chosifier au détriment d'une reconnaissance de sa dimension personnelle et de la manière d'aimer propre à celle-ci. Mettre en évidence ces deux écueils permettra de nouveau d'illustrer non seulement qu'une saine intégration d'analogies féminines est possible dans l'évocation de ce Dieu trinitaire, mais aussi qu'elle soutient la découverte et l'accueil de facettes méconnues d'un amour divin encore plus grand que ne l'auraient soupçonné bien des regards croyants ou non-croyants.

Ces deux écueils de l'oubli et de la chosification de l'Esprit Saint ont été nourris par de multiples tendances théologiques

---

a. Voir respectivement Jean 6,63 ; Jean 3,5-8 ; Luc 12,11-12 ; Jean 14,16-18 ; Jean 16,12-13.

b. *Je crois en l'Esprit Saint*, *op. cit.*, p. 729.

qu'il importe d'identifier afin d'être en mesure d'atténuer leur influence. Si le « monothéisme prétrinitaire » mentionné par Yves Congar, où seul le Dieu-Père est pris en compte, renvoie indirectement à la tendance au déisme précédemment évoquée, le « christomonisme », quant à lui, renvoie indirectement à la tendance à ne se référer systématiquement qu'à la seule figure du Christ. Le développement de telles tendances a rendu fort difficile l'accès à une vision équilibrée du mystère de la Trinité où l'Esprit Saint est censé recevoir, selon le *Credo*, « même adoration et même gloire »[87]. La complémentarité et la réciprocité du Fils et de l'Esprit Saint, pourtant affirmées tout au long de l'Écriture sainte[88], ont sans doute également souffert d'une insistance presque exclusive sur le lien entre les Personnes du Père et du Fils – l'Esprit Saint étant alors réduit à leur lien d'amour[89] –, si bien que d'aucuns eurent parfois l'impression d'avoir davantage affaire à une Binité qu'à une véritable Trinité[90]. À la difficulté de donner sa place à la Personne de l'Esprit Saint est souvent venue s'ajouter une tendance à chosifier l'Esprit Saint, d'une part à cause de l'ambiguïté linguistique du vocable « esprit » qui ne fait pas immédiatement songer à une personne, et d'autre part à cause de passages bibliques peu explicites qui ne soutiennent pas non plus la reconnaissance de sa dimension personnelle – dimension plutôt attestée par la nature même des activités que le Christ lui attribue[91]. Par ailleurs, il existe également une tendance à identifier l'Esprit Saint à la simple présence du Christ actualisée et universalisée dans le cœur humain[92], tendance derrière laquelle se dissimule une forme modernisée du modalisme, ce courant de pensée des premiers siècles de l'ère chrétienne qui refusait de prendre en considération trois Personnes divines pour n'y voir que trois modes de présence différents d'une seule et même Personne divine[93]. Enfin, la tendance à n'évoquer que le rôle purement fonctionnel de l'Esprit Saint au sein de l'histoire du salut n'a sûrement pas aidé non plus à méditer sur sa manière d'être et d'aimer dans le cadre d'une relation interpersonnelle [94]. Prendre du recul face au conditionnement théologique constitué par ces multiples tendances, c'est déjà libérer en soi-même un espace intérieur en dehors duquel aucun nouvel approfondissement ne pourrait avoir lieu, aucune nouvelle perspective ne pourrait être envisagée.

De plus en plus nombreux sont les théologiens et désormais les théologiennes [95] qui invitent à approfondir les dimensions personnelle et féminine de l'Esprit Saint à partir de son étroit rapport avec la mystérieuse figure biblique de la Sagesse divine [96]. Loin d'être réduite à un attribut divin, la Sagesse va peu à peu correspondre, dans plusieurs livres de l'Ancien Testament, à la présence personnelle et intime de Dieu auprès de l'être humain [97], avec une double originalité : non seulement elle est présentée sous une forme féminine [98] – déjà plutôt rare pour évoquer la présence de Dieu –, mais, de plus, elle n'est pas confinée à un rôle maternel et recouvre une multitude d'analogies féminines encore plus rarement appliquées à Dieu, en particulier celles de l'« amie [a] », de « la sœur [b] » et surtout de l'« épouse [c] [99] ». L'exégète Pierre-Émile Bonnard souligne la nouveauté de l'analogie de l'épouse, l'inversion qu'elle entraîne du rôle de l'époux habituellement attribué à Dieu par la

a. « La Sagesse est un esprit ami des hommes » (Livre de la Sagesse, chapitre 1, verset 6).

b. « Dis à la sagesse : "Tu es ma sœur !" » (Livre des Proverbes, chapitre 7, verset 4).

c. « C'est elle que j'ai chérie et recherchée dès ma jeunesse ; j'ai cherché à la prendre pour épouse et je suis devenu amoureux de sa beauté » (Livre de la Sagesse, chapitre 8, verset 2).

littérature prophétique : « La Sagesse se tient devant l'homme comme une compagne irréprochable, attirante, généreuse et élevante, capable de vivre en harmonie parfaite avec celui qu'elle aime la première et qui l'aime en retour (cf. Proverbes 4,6-9 ; Siracide 15,2b ; 51,19 en hébreu ; Sagesse 8,2-9). L'union conjugale de la Sagesse divine avec l'homme son époux célèbre ainsi, sur une mélodie nouvelle, le mariage chanté depuis Osée entre Yahweh Dieu et la nation israélite, son épouse[a]. » Le dominicain Philippe Lefebvre insiste sur la quête amoureuse et la passion que la Sagesse suscite : « [La Sagesse] n'est pas divinité inaccessible fortuitement apparue, trop tôt évanouie, mais présence douce et certaine, déjà donnée quand on la cherche encore. La Sagesse était là, comme une parente, et je ne le savais pas ! Elle est aussi l'épouse qu'il est permis au sage de connaître : "Elle t'honorera quand tu l'étreindras" (Proverbes 4,8). [...] De fait, seul l'amour est le lien qui lui convienne. On ne l'accapare pas, on la poursuit en une quête amoureuse. La Sagesse le proclame : "Ceux qui m'aiment, moi je les aime, et ceux qui me recherchent ne manquent pas de me trouver" (Proverbes 8,17). Désirée avec passion comme une épouse, la Sagesse oblige son amant à se déclarer, à exprimer le désir de son cœur[b]. »

Si de telles analogies invitent à méditer et à accueillir ces facettes méconnues de la manière d'être et d'aimer du Dieu biblique, elles sont également susceptibles d'apporter un précieux éclairage sur la manière d'être et d'aimer de l'Esprit Saint, dès lors que serait pris en considération son étroit rapport avec la Sagesse. L'exégète Claude Larcher explicite cet

a. *La Sagesse en Personne*, Paris, Cerf, 1966, p. 118.

b. « La Sagesse : rencontre de l'homme et de la femme », dans *La vie spirituelle*, n° 731, juin 1999, p. 205.

étroit rapport à partir des points communs suivants : « Les deux réalités sont identifiées de plusieurs façons : la Sagesse possède un esprit (Sagesse 7,22b) ou elle est un esprit (1,6), elle agit sous la forme d'un esprit (7,7b). De plus, elle dispose de la puissance et elle se voit attribuer les différentes fonctions de l'Esprit dans l'Ancien Testament : elle exerce un rôle cosmique universel, elle suscite les prophètes, elle se fait le guide de l'humanité, puis du peuple élu, elle apparaît enfin comme le grand maître intérieur des âmes. L'assimilation porte sur tant de points à la fois que la Sagesse apparaît avant tout comme une sublimation du rôle joué par l'Esprit dans l'Ancien Testament [a] [100]. » Yves Congar précise l'apport possible de la Sagesse à une théologie de l'Esprit Saint en matière de personnalisation et de féminisation : « La littérature sapientielle du judaïsme hellénisé contient une remarquable réflexion sur la Sagesse, qui la rapproche de l'Esprit presque jusqu'à identifier les deux réalités, au moins si on les considère en leur action. [...] Deux valeurs doivent être soulignées, qui intéressent une ultérieure théologie du Saint-Esprit. D'abord une certaine personnalisation de l'Esprit. S'agissant de la Sagesse, elle s'affirme progressivement depuis Proverbes 8,22-31. [...] Parfois la personnification n'est guère qu'expression littéraire. Cependant le monothéisme rigoureux de la religion juive associait à Dieu des réalités qui étaient Dieu mais qui, en Dieu, représentaient des modes d'action, de présence, d'être (avec les hommes) : la Shekinah, la Sagesse. Ce qui est dit de celle-ci en Sagesse 8 et 9 exprime l'action intime de l'Esprit de Dieu et est applicable à l'Esprit. [...] La Sagesse est, comme la Shekinah [...], une réalité féminine. On l'aime et on la recherche comme une femme (Siracide 14,22s.) ; elle est une épouse et une mère (14,26s. ; 15,2s.). Elle est source de

a. *Études sur le livre de la Sagesse*, Paris, J. Gabalda et Cie, 1969, p. 411.

fécondité, d'intimité, de joie paisible. [...] Dans la réflexion chrétienne, c'est finalement au Saint-Esprit que va être attribué le caractère féminin de Dieu [a]. »

« Attribué », c'est peut-être beaucoup dire, compte tenu des réticences culturelles et des refoulements psychologiques auxquels n'a cessé d'être confrontée l'intégration des analogies féminines dans le langage théologique. Mais il semble en effet que les premiers siècles aient vu naître, outre l'usage de symboles féminins tels que l'eau et la colombe [101], des approches théologiques sensibles à cette manière d'être plutôt féminine de l'Esprit Saint, et ce dès le développement des cercles judéo-chrétiens. Le jésuite Jean Daniélou, expert en théologie judéo-chrétienne, constate en leur sein un indéniable attachement à cette dimension du mystère de l'Esprit, citant, entre autres, l'expérience d'une des grandes figures spirituelles du judéo-christianisme hétérodoxe de l'époque, un dénommé Elxaï : « Elxaï dans une vision avait reçu un livre. Ce livre lui avait été donné par un ange. Cet ange était immense, haut de quatre-vingt-seize milles : "Il était accompagné d'un être féminin dont les dimensions étaient également celles que nous avons dites. L'être masculin était le Fils de Dieu et l'être féminin s'appelait le Saint-Esprit" (*Elench.*, IX, 13). [...] Ici nous nous trouvons directement dans le contexte de la théologie judéo-chrétienne, dans le voisinage de l'*Évangile de Pierre* ou du *Pasteur*. Nous avons en effet déjà rencontré la plupart des traits qui se trouvent ici : la taille gigantesque des anges, le Fils de Dieu et l'Esprit Saint considérés sous la forme de deux anges, le caractère féminin de l'Esprit [b]. » Dans les *Odes de Salomon*, dont la rédaction peut être située entre la fin du Ier siècle et le

a. *Je crois en l'Esprit Saint*, *op. cit.*, p. 28, 30, 723 et 724.
b. *Théologie du judéo-christianisme*, Paris, Desclée de Brouwer, 1958, p. 77.

début du IIe siècle, et où l'Esprit Saint occupe une place de premier plan, le dominicain Dominique Cerbelaud constate une attribution d'analogies féminines et maternelles à l'Esprit Saint et au Père : « Il se pourrait bien qu'affleure ici une "théo-lyrique" très archaïque, que la canonisation massive des images masculines a ensuite complètement refoulée, jusqu'à nous la faire oublier. Ainsi donc, la Trinité compte… deux personnages féminins : le Père qui, malgré cette désignation, possède tous les attributs d'une mère ; et l'Esprit Saint, qui apparaît comme une sorte de "sage-femme". […] Pour ce qui est de l'Esprit, on sait que les langues sémitiques, et notamment le syriaque, en parlent au féminin. La fluidité de cette figure, son aspect "intuitif" (à la fois intérieur et "hors frontière") : tout cela contribue à renforcer cette polarité féminine. […] La question du "féminin en Dieu" ne cesse, quant à elle, de rebondir, ravivée aujourd'hui par les discussions sur le fonctionnement institutionnel de l'Église. L'heure n'est-elle pas venue de tenter de réintégrer aussi cet aspect du mystère dans le discours théologique ? Dans ce contexte, les *Odes de Salomon*, et d'autres textes très anciens de notre tradition, pourraient bien s'avérer d'une singulière modernité [a]… » Olivier Clément relève aussi la trace d'une sensibilité comparable au sein d'une réflexion sur le diaconat propre à la tradition chrétienne du IIIe siècle : « La Didascalie [des apôtres] donne une précision très importante : "Le diacre a la place du Christ et vous l'aimerez. Vous honorerez les diaconesses à la place du Saint-Esprit." Cette affirmation synthétise clairement la tradition : l'homme est lié ontiquement au Verbe, la femme à l'Esprit Saint [b]. »

a. « Un Dieu d'eau et de vent, l'Esprit Saint dans les Odes de Salomon », dans *La vie spirituelle*, n° 710, mai-juin 1994, p. 317-319.

b. « Paul Evdokimov, témoin de la beauté de Dieu », dans *Contacts*, *op. cit.*, p. 76.

Comme le souligne Dominique Cerbelaud, de telles sensibilités théologiques finirent par être oubliées à cause de la « canonisation massive des images masculines » s'inscrivant dans le prolongement, entre autres, de l'influence patriarcale qui conduira à l'emploi exclusif d'analogies masculines, y compris pour désigner la Personne de l'Esprit Saint [102]. Mais la simple existence de ces sensibilités a au moins le mérite d'illustrer d'une part que l'intégration d'analogies féminines dans le langage théologique est possible, et d'autre part que, parmi les rares suggestions vraiment compatibles avec une foi trinitaire équilibrée [103], celle qui invite à prendre davantage en considération l'emploi d'analogies féminines pour évoquer l'Esprit Saint peut se targuer d'avoir le plus de fondements, dans la Bible comme dans la tradition chrétienne. Cette dernière a d'ailleurs reconnu dans l'Esprit Saint l'« hypostase de la Beauté » selon l'expression du théologien Serge Boulgakov [a] pour qui « le Saint-Esprit dispose de la force invincible de la Beauté [b] ». Paul Evdokimov insiste lui aussi sur cette conviction dont il note l'existence dans la pensée de Fédor Dostoïevski : « La Troisième Personne de la Trinité se révèle Esprit de la Beauté. Dostoïevski l'a bien compris : "L'Esprit Saint, dit-il, est la saisie directe de la Beauté." [c] » Or, selon la Bible, cette Beauté divine est justement le propre de la Sagesse dans laquelle l'Écriture sainte invite à reconnaître « la source même de la beauté », celle dont le reflet transparaît à travers tant d'expériences humaines de la beauté – intérieure comme extérieure dans la contemplation du monde où la beauté féminine a d'ailleurs une place de choix [104] : « Que si, charmés de

a. *Le Paraclet*, Paris, Aubier, 1946, p. 194.

b. *Ibid.*, p. 269.

c. *L'art de l'icône, théologie de la beauté*, Paris, Desclée de Brouwer, 1972, p. 12.

leur beauté, ils les ont pris pour des dieux, qu'ils sachent combien leur Maître est supérieur, car c'est la source même de la beauté qui les a créés[a]. » Au point de pousser Salomon à s'exclamer : « [La Sagesse] est plus belle que le soleil, elle surpasse toutes les constellations [...] ; j'ai cherché à la prendre pour épouse et je suis devenu amoureux de sa beauté[b]. »

a. Livre de la Sagesse, chapitre 13, verset 3.
b. Livre de la Sagesse, chapitre 7, verset 29, et chapitre 8, verset 2.

Vers une intimité divino-humaine

Demeurer vigilant à l'égard de l'influence, en grande partie inconsciente, des divers conditionnements culturels, psychologiques et parfois théologiques ayant empêché de considérer ces facettes méconnues d'un Dieu qui serait tendresse, c'est se donner les moyens de découvrir ou de redécouvrir avec étonnement dans le mystère chrétien de la Trinité la source et l'expression ultime, transcendante, des multiples facettes du mystère de l'amour : l'amour d'un père, l'amour d'une mère, d'un époux, d'une épouse, d'un frère, d'une sœur, d'un ami, d'une amie[a] y deviennent de possibles analogies et même des reflets indirects ici-bas d'un amour divin encore plus grand que tout ce que l'être humain aurait osé croire[105]. Si chaque facette du mystère de l'amour s'y révèle vivante et réalisable en Dieu, avec Dieu, une telle représentation théologique vient interpeller autant les personnes qui se pensent non-croyantes que celles qui sont déjà entrées consciemment dans une vie intérieure : pour les unes, il s'agit plutôt d'un appel à s'interroger

---

a. Voir, pour chacune de ces facettes, respectivement le Psaume 103,13 ; Isaïe 66,13 ; Osée 2,21-22 ; Sagesse 8,2 et 16 ; Hébreux 2,11-18 ; Proverbes 7,4 ; Jean 15,15 ; Sagesse 1,6.

différemment, à ne plus se positionner à partir d'une représentation de Dieu réductrice parfois inculquée dès la jeunesse ou entretenue par des caricatures propres à leur environnement culturel ; pour les autres, il s'agit surtout d'un appel à ne pas empêcher un tel Dieu de les conduire encore plus loin sur le chemin d'une intimité avec lui, de leur offrir son amour divin sous la facette et de la manière qu'il jugerait les plus appropriées en fonction de critères que lui seul connaît en profondeur (leur histoire personnelle, leurs blessures secrètes, leur profil psychologique, leur sensibilité, leur propre manière d'être et d'aimer, leur identité sexuée, etc.)[106]. En ressort l'une des raisons principales pour lesquelles l'entrée dans une vie spirituelle ne saurait être identifiée à une forme d'infantilisme, comme ont parfois été tentés de le faire certains courants psychanalytiques tout imprégnés d'une représentation de Dieu réduite à une paternité divine, elle-même souvent confondue avec les attributs psychologiques propres à une paternité humaine : la relation personnelle qui peut se nouer avec le « Père », mais aussi, pour reprendre un parallélisme cher à saint Irénée de Lyon, avec le « Verbe-Fils » et la « Sagesse-Esprit »[a][107], s'apparente au contraire à une entrée dans une réciprocité d'amour spirituellement et psychologiquement adulte.

Le Cantique des cantiques en demeure sans doute l'expression scripturaire la plus audacieuse et la plus bouleversante, car ce chant d'amour teinté d'érotisme, composé à l'origine pour célébrer l'amour entre un homme et une femme, n'a pas été inséré dans la Bible par hasard et revêt une portée symbolique

a. « Depuis toujours, en effet, il y a auprès de [Dieu] le Verbe et la Sagesse, le Fils et l'Esprit » (*Contre les hérésies*, livre IV, chapitre 20, alinéa 1, Paris, Cerf, 1965, p. 627 ; voir également les textes parallèles : II, 30, 9 ; III, 24, 2 et IV, 7, 4).

très particulière. En effet, la Bible se veut avant tout le lieu où se révèlent à la fois le mystère même de Dieu, le mystère de son alliance avec son peuple puis avec chaque être humain, le mystère de l'existence terrestre et de son sens ultime. Or, tout en demeurant un hommage rendu à la grandeur et à la beauté de l'amour humain, le Cantique des cantiques renvoie à l'identité la plus profonde de ces trois mystères : l'identité la plus profonde de Dieu comme mystère d'amour lui-même constitué de mouvements d'amour intra-divins [108] auxquels l'humanité est conviée [a] ; l'identité la plus profonde de l'alliance de Dieu avec son peuple puis avec chaque être humain comme réciprocité d'amour divino-humaine [b] ; l'identité la plus profonde de l'existence terrestre comme apprentissage continuel de l'amour en vue de vivre, jusque dans l'éternité, la réciprocité d'amour avec Dieu la plus intense possible [c]. Ne privilégiant pas lui-même telle ou telle clé allégorique en vue de son interprétation, ce poème d'amour absolu n'exclut aucune de ces dimensions et, par là même, les embrasse toutes. Pour illustrer ce thème d'une réciprocité d'amour divino-humaine, la tradition mystique chrétienne a multiplié les commentaires [109] qui attribuent le rôle de l'homme à Dieu, en particulier au Christ, et le rôle de la

a. « Dieu est amour » (Première Épître de saint Jean, chapitre 4, versets 8 et 16) et : « Je leur ai fait connaître ton nom et je le leur ferai connaître, pour que l'amour dont tu m'as aimé soit en eux et moi en eux » (Évangile de Jean, chapitre 17, verset 26).

b. « Tu aimeras le Seigneur ton Dieu de tout ton cœur, de toute ton âme et de tout ton esprit » (Évangile de Matthieu, chapitre 22, verset 37) et : « Comme le Père m'a aimé, moi aussi je vous ai aimés. Demeurez dans mon amour. [...] Demeurez en moi, comme moi en vous » (Évangile de Jean, chapitre 15, versets 9 et 4).

c. « Dieu nous a élus dès avant la fondation du monde pour être saints et immaculés en sa présence dans l'amour » (Épître aux Éphésiens, chapitre 1, verset 4) et : « Oui, j'en ai l'assurance, ni mort ni vie, [...] ni présent ni avenir, ni aucune créature ne pourra nous séparer de l'amour de Dieu manifesté dans le Christ Jésus » (Épître aux Romains, chapitre 8, versets 38 et 39).

femme à l'humanité, en particulier à l'âme individuelle. La quête de la femme du Cantique à la recherche de l'être aimé se trouve ainsi comparée aux différents stades d'une vie spirituelle tendue vers l'accomplissement d'une union totale à Dieu, quête dont la description atteint des sommets de discernement et de perspicacité spirituelle chez saint Jean de la Croix. À ceux qui ne seraient plus dépendants d'une représentation de Dieu exclusivement masculine, l'absence de clé allégorique permet également d'identifier la femme du Cantique à la Sagesse divine, et ce d'autant plus que le Cantique des cantiques appartient à la littérature sapientielle – où la Présence divine est représentée par la Sagesse – et non à la littérature prophétique – où Dieu est régulièrement comparé à un époux ; en outre, la rédaction du Cantique est symboliquement attribuée à Salomon, ce même Salomon auquel est également attribué la rédaction du livre de la Sagesse où la Présence divine est décrite comme l'épouse idéale : « L'union conjugale de la Sagesse divine avec l'homme son époux célèbre ainsi, sur une mélodie nouvelle, le mariage chanté depuis Osée entre Yahweh Dieu et la nation israélite, son épouse[a][110]. » Cette interprétation aurait d'ailleurs le mérite, entre autres, d'être conforme à une histoire biblique où ce n'est généralement pas l'être humain qui part en quête de Dieu, mais plutôt Dieu qui, même incompris et rejeté, tente inlassablement de rejoindre l'être humain en fuite, de lui offrir de nouveau son amour et de l'inviter à l'accueillir[111]. S'il est vrai qu'aucune des principales interprétations possibles du Cantique des cantiques ne peut prétendre correspondre en tous points à son contenu de façon pleinement cohérente, ces diverses approches, loin d'être contradictoires, rendent finalement un vibrant hommage à sa capacité symbolique de relier

a. Pierre-Émile Bonnard, *La Sagesse en Personne*, *op. cit.*, p. 118.

les multiples facettes du mystère de l'amour à leur accomplissement dans une intimité divino-humaine. La mystique chrétienne y perçoit le sens ultime des paroles et des gestes d'amour échangés ici-bas, celui d'un continuel apprentissage de l'amour en vue de vivre un jour l'union avec Dieu la plus intense et la plus belle possible. Cette intensité et cette beauté s'y révèlent inséparables d'une tendresse divine qui, à un regard s'étant peu à peu libéré de certains conditionnements culturels et psychologiques, apparaîtra encore plus grande, au-delà de tout ce que l'être humain aurait osé espérer.

Épilogue

Amours divino-humaines

Sens ultime de l'amour, sens ultime de la vie

Quiconque aura connu, ne serait-ce qu'une fois dans sa vie, l'émerveillement d'un amour authentique ne s'étonnera pas que le Cantique des cantiques touche d'innombrables personnes, croyantes ou non, ayant pressenti, à travers leur propre expérience de l'amour, une réalité qui transcende toutes les autres dimensions de leur vie et ne saurait être réduite à une simple attirance biologique ou inscrite dans une vision exclusivement matérialiste de l'existence humaine[112]. « Le véritable amour, avec quelque chose d'éternellement adolescent, [...] constitue souvent une expérience spirituelle "à l'état sauvage", le pressentiment de l'unité dans la différence, le désir passionné que l'autre existe et existe au-delà de la mort », remarque Olivier Clément[a], comme si deux personnes sincèrement amoureuses se trouvaient, souvent à leur insu, en communion avec l'Absolu : « Si le Cantique des cantiques est un chant d'amour

---

a. *Corps de mort et de gloire*, *op. cit.*, p. 83-84.

– d'amour aimant et d'amour érotique –, qui symbolise l'union de Dieu et de l'âme, c'est que l'amour humain, à la fois aimant et érotique, a quelque chose à voir avec Dieu, et qu'il reste pour beaucoup une des seules expériences mystiques qu'il leur soit donné de faire ici-bas. [...] Bien des existences [...] comprendraient, à la lumière d'une exploration théologique de la passion d'amour, qu'elles ont été vouées, peut-être par là même, à la quête de l'Absolu. Ce que savent, et respectent, les vrais spirituels [a] [113]. »

Plus encore que ce lien étroit entre le mystère de l'amour et celui de Dieu, la mystique chrétienne voit dans le Cantique des cantiques le symbole de cette réciprocité d'amour divino-humaine où se révèlent le sens ultime de l'amour ici-bas et finalement le sens ultime de la vie. À ses yeux, toute la création, toute l'évolution dès les débuts de l'Univers a été voulue et guidée en vue de l'émergence progressive d'un être vivant doté d'une conscience capable d'apprendre à aimer, afin que ce dernier puisse vivre un jour une réciprocité d'amour avec Dieu. Dans une telle perspective, le sens ultime de la vie consiste pour l'être humain à apprendre à aimer, à développer sa capacité d'offrir et d'accueillir un amour, en vue de vivre l'union à Dieu la plus intense et la plus belle possible. Qu'ils s'inscrivent dans le cadre d'une vie de couple, d'une relation parentale, d'un lien fraternel, d'une amitié ou de toute autre relation interpersonnelle, chaque geste et chaque parole d'amour donnés ou reçus au quotidien prennent alors une valeur immense : ils renforcent, en soi-même ou en ses proches, cette confiance d'être aimé et cette capacité d'aimer qui, pour chacun, auront des répercussions à la fois sur son bonheur actuel et sur sa propre relation avec Dieu, présente ou future.

a. *Ibid.*, p. 84 et 79.

Ce lien entre l'amour humain et un amour divino-humain à vivre par chacun avec son cœur tel qu'il sera devenu, ce lien entre le bonheur à procurer aujourd'hui aux êtres chers et leur bonheur à venir en Dieu dans l'éternité [114], constitue l'un des dons les plus précieux que la mystique chrétienne puisse offrir à tout amour authentique et en particulier à une vie de couple : non seulement ce lien permet une unification entre vie quotidienne et quête spirituelle, notamment une réconciliation entre élan érotique et aspiration mystique, mais aussi et surtout il offre un sens à la vie et un sens à l'amour suffisamment élevés [115] pour que chacun y puise une motivation forte [116], susceptible de soutenir un élan naturel qui, à lui seul, ne saurait inscrire un amour dans la durée et encore moins l'intensifier. Ce sens et cette motivation viennent encourager le renouvellement intérieur de ce qui est vraiment essentiel, renouvellement en dehors duquel même l'amour le plus épanoui verrait le temps s'immiscer comme un redoutable facteur d'érosion sentimentale. Intérioriser ce sens ultime de l'amour, c'est se donner les moyens de renouveler jour après jour, dans le concret des situations, le choix à la fois grave et magnifique de réaliser le bonheur de l'être aimé. Communier de l'intérieur à la valeur immense de chaque parole et de chaque geste d'amour, c'est demeurer attentif, avant de se retrouver en présence de l'autre [117], à se poser très régulièrement les deux questions les plus aptes à garder bien vivante en soi la priorité de rassurer constamment l'être aimé sur l'amour qui lui est porté : « Quelle est la parole ou le geste qui contribuera le plus à faire grandir sa confiance d'être sincèrement aimé ? Quelle est la parole ou le geste qui contribuera le plus à faire grandir sa capacité d'aimer et la mienne ? » Se laisser habiter au quotidien par un tel questionnement, par un tel leitmotiv intérieur, et ce de manière réciproque [118], c'est transfigurer le temps : cet ennemi synonyme d'érosion sentimentale se transforme alors en un véritable allié qui, en permettant ce continuel renouvellement de l'essentiel[119] que seule la durée rend possible, devient le cadeau à offrir à une réciprocité d'amour pour qu'elle atteigne, jour après jour, son plus haut degré d'intensité.

Si une mystique chrétienne nourrie du Cantique des cantiques invite à discerner ainsi dans l'amour humain – bien vécu et constamment renouvelé – une remarquable préparation à la réciprocité d'amour divino-humaine en vue de laquelle chacun a été créé, elle invite aussi à découvrir le soutien que le développement d'une vie intérieure peut procurer à cet amour humain. Le fondement premier de ce soutien demeure inséparable de la nature profonde d'une vie intérieure, qui consiste à mener une relation d'amour avec Dieu et donc à être relié à une source d'amour supplémentaire ici-bas – et pas à n'importe laquelle : à la Source suprême de l'amour, mieux placée que quiconque pour amorcer une guérison intérieure des blessures secrètes de chacun, pour rejoindre ses aspirations les plus intimes et toucher les profondeurs de l'être, là où nul ne saurait avoir prise. Accueillir cet amour divin, mais aussi avoir la possibilité de confier à Dieu dans l'immédiat telle ou telle déception, c'est savoir où reposer son cœur lorsqu'un dialogue serein n'est pas encore réalisable avec l'autre, et ainsi ne pas laisser un malaise intérieur s'amplifier au point de nourrir des « bombes à retardement » qui ne favoriseraient ni le ton ni le moment à trouver pour une meilleure compréhension mutuelle. Cette compréhension mutuelle serait également encouragée par la découverte et l'accueil du regard bienveillant d'un Dieu d'amour qui souhaite guérir les blessures secrètes de l'être humain et inviter chacun à poser à son tour un regard bienveillant sur ses propres blessures personnelles et sur celles qui auraient poussé son partenaire à réagir négativement[120].

Grâce au développement d'une vie intérieure, cette compréhension mutuelle pourrait aussi franchir un cap dans la perception du mystère que représente le cœur humain – le sien propre et celui de l'être aimé –, dans la mesure où le fait de vivre soi-même une réciprocité d'amour divino-humaine constitue un constant rappel que le cœur de chacun a été créé pour vivre, ultimement, un amour infini avec Dieu. Prendre conscience que l'intensité du désir d'être aimé et d'aimer trouve là son origine et sa raison d'être la plus profonde, prendre conscience que seul ce Dieu d'amour pourra un jour répondre à ce désir en plénitude, c'est devenir capable de consentir, de façon plus positive et dynamique, au décalage inévitable entre la réalité quotidienne et l'idéal de l'amour que chacun porte en soi. Ce consentement constructif permettrait déjà de se réconcilier en partie avec l'existence d'un tel décalage, comme avec la part de manque et de solitude inhérente à la vie de couple même la plus réussie : cet état demeure fondamentalement lié à la grandeur du mystère inaliénable de chacun dans sa destinée ultime, elle-même inséparable d'un amour infini qui n'est pas de l'ordre de ce monde. Cette dernière prise de conscience permettrait aussi de mieux saisir que la véritable perspective n'est pas d'atteindre cet idéal ici-bas, mais d'essayer de s'en approcher à partir des fragilités et des limites inhérentes à la condition humaine, tout en apprenant à se réjouir de toute avancée, si insignifiante ou banale puisse-t-elle paraître, sur le chemin d'une croissance mutuelle dans l'amour. En effet, la moindre avancée ne pourrait que revêtir une grande valeur aux yeux d'un Dieu qui, en tant que Créateur, serait bien placé pour connaître la complexité des paramètres et les nombreux obstacles dressés sur le chemin de cet apprentissage commun de l'amour [121]. Enfin, la connaissance de la raison ultime de cet inévitable décalage entre la réalité quotidienne et l'idéal de l'amour que chacun porte en soi, tout en rendant possible ce consentement constructif, inviterait à redoubler d'attention à l'égard du désir d'être aimé présent dans le cœur de l'autre : la prise de conscience relative à cette soif en chacun d'un amour absolu, infini, divin constituerait un vibrant appel à ne jamais sous-estimer la présence et la force de ce désir d'être aimé, même chez la personne qui le dissimulerait en permanence derrière des attitudes de façade. Réaliser toujours davantage à quel point le cœur humain a constamment besoin d'être rassuré sur l'amour qui lui est porté, c'est apprendre à ne plus négliger les paroles d'amour qui peuvent être prononcées ; c'est apprendre à ne plus négliger le langage des corps – notamment son élan érotique – dans sa capacité à poser les gestes d'amour qui peuvent nourrir concrètement cette confiance d'être aimé[122] ; c'est comprendre, en définitive, que chaque parole et chaque geste d'amour méritent d'être vécus jusqu'au dernier souffle[123], non seulement en vue du bonheur actuel de chacun, mais aussi en vue de son bonheur à venir auprès d'un Dieu qui ne demande qu'à l'aimer intensément et à être intensément aimé par son cœur humain tel qu'il sera devenu.

Si la mystique chrétienne invite chacun, quel que soit son état de vie ou son passé, à entrer dans une telle réciprocité d'amour divino-humaine dès aujourd'hui, avec son cœur tel qu'il est, elle a également développé – fait marquant dans l'histoire spirituelle de l'humanité – des états de vie, comme les vocations dites « religieuses », où cette réciprocité d'amour avec Dieu reçoit non seulement la première place mais une place exclusive. Le lien entre l'amour humain et l'amour divino-humain sous-entendu par le symbolisme du Cantique des cantiques se révèle de nouveau très éclairant pour corriger bien des préjugés nourris à l'égard de tels états de vie, dans la mesure où ce lien dévoile que la vocation monastique – pour ne citer que leur forme la plus radicale – comporte deux points communs tout à fait fondamentaux avec la vocation conjugale : d'une part, elle se caractérise elle aussi par une réciprocité d'amour où le moine, prenant au sérieux cette Présence divine continuellement à ses côtés, se dispose intérieurement à accueillir son amour et à l'aimer en retour de toutes les fibres de son être ; d'autre part, le défi du renouvellement quotidien de l'essentiel, notamment de sa confiance d'être aimé et de sa capacité d'aimer, est lui aussi primordial pour permettre à une intimité avec Dieu de s'inscrire dans la durée et de tendre ainsi, jour après jour, vers son plus haut degré d'intensité. La principale source d'épanouissement et de bonheur s'y trouve également liée au degré de confiance atteint à la fois dans la conviction d'être sincèrement aimé et dans la conviction de rendre intimement heureux l'être aimé.

Ce degré de confiance peut même atteindre des sommets dans le cadre d'une vocation monastique lorsque celle-ci s'appuie quotidiennement sur les deux ressorts secrets du possible épanouissement d'un amour divino-humain. Le premier consiste en un constant rappel intérieur que cette Présence divine peut offrir à tout moment un amour infini, puisqu'il s'agit de la Source suprême de l'amour, celle-là même qui, pour avoir créé l'être humain et lui avoir appris à aimer, est en mesure d'offrir un amour d'une qualité encore plus grande que ne sauraient le faire les personnes les plus aimantes ici-bas. Le second consiste en un constant rappel intérieur que cette Présence divine, par sa capacité à sonder le cœur humain et donc à connaître les sentiments qui l'habitent, est en mesure d'accueillir dans toute son intensité l'amour que ce cœur lui porterait. Ce dernier point mérite d'être dûment souligné, car il n'existe peut-être pas de bonheur plus élevé pour celui qui aime que d'être intimement convaincu que la personne aimée sait à quel point il l'aime[124] ; tout comme il n'existe peut-être pas d'encouragement plus grand à aimer toujours davantage que de savoir combien son amour est connu, reconnu, compris, accueilli et goûté pleinement par l'être aimé. De plus, la vive conscience qu'un désir d'être intensément aimé habite le cœur de Dieu[a], la vive conscience que personne ne saurait être plus sensible à des marques d'amour que la Source même de l'amour et la vive conscience que de telles marques d'amour adressées à Dieu sont très rares jusque dans nombre de pratiques religieuses viennent augmenter le bonheur du moine de savoir que cette mystérieuse Présence divine connaît l'intensité de l'amour qu'il lui porte.

Quiconque tient compte de la présence, en Dieu même, de ce désir d'être intensément aimé par l'être humain, sans oublier non plus son désir d'aimer intensément l'être humain, devient en mesure d'entrevoir la beauté spécifique d'une vocation monastique jusque dans les répercussions concrètes que cette spécificité entraîne sur la gestion intime d'une réciprocité d'amour divino-humaine : la soif d'être aimé de Dieu ne saurait être ressentie et exprimée de la même manière par une personne qui bénéficie déjà d'un amour fort dans une relation humaine et par une personne qui attend tout de Dieu seul ; et la soif d'aimer Dieu ne saurait être ressentie et exprimée de la même manière par une personne qui offre déjà son mystère le plus intime à un autre être humain et par une personne qui l'offre à Dieu seul[125]. La confiance dans la correspondance entre les manières humaine et divine d'attendre et d'offrir un

a. Voir le chapitre « Un Dieu qui désire être aimé » dans la troisième partie de cet ouvrage.

amour[a], la confiance dans l'ardent désir de Dieu d'être aimé, la confiance dans la capacité de cette Présence divine à connaître dans toute son intensité l'amour qui lui serait porté, se transforment pour le moine en autant de motivations et d'appels à intégrer au maximum dans une réciprocité d'amour avec Dieu son humanité, sa sensibilité, son affectivité, son identité sexuée, sa manière d'attendre et d'offrir un amour[126]. Alors son être tout entier, jusque dans sa soif d'aimer et d'être aimé la plus intime, peut se transfigurer en un langage d'amour adressé à Dieu où s'épanouit cet intense élan, dénommé « éros »[127], qui habite tout être humain et dont la présence si puissante révèle indirectement son identité véritable et sa destinée ultime[128] : « Il faut aimer Dieu avec toute la force de l'éros, écrit Olivier Clément. Saint Jean Climaque disait qu'il faut l'aimer comme on aimerait sa fiancée, son épouse. Le moine ainsi brûlé devient un "homme apostolique" : il a le droit de parler de Dieu parce qu'il le connaît de tout son être. Il ne parlera pas de lui comme le théologien en chambre, en livres, mais comme celui dont on peut dire qu'"ayant la prière pure, il est vraiment théologien". Quand il parle de Dieu, c'est un voyageur qui raconte. [...] Il est ridicule, nous finirons tous par le reconnaître, de se chamailler sur l'existence de Dieu. Mieux vaudrait écouter avec attention ceux qui Le connaissent d'expérience et dont nous voyons que la foi et la connaissance totale qu'elle provoque ne dégradent pas leur humanité mais la magnifient[b]. »

En célébrant des amours divino-humaines où transparaissent la grandeur de l'amour humain et sa mystérieuse correspondance avec l'amour divin, la symbolique du Cantique des

---

a. Voir le chapitre « Merveille que je suis, merveille que tes œuvres » dans la troisième partie de cet ouvrage.

b. *Questions sur l'homme*, Paris, Stock, 1972, p. 98-99.

cantiques vient éclairer le sens ultime de l'existence humaine à la lumière de l'amour méconnu d'un Dieu si souvent défiguré par les projections psychologiques à l'œuvre en chacun. Si l'identification de ces processus en partie inconscients aura permis de ne plus demeurer dépendant des représentations spontanées de Dieu les plus répandues, elle aura surtout invité à entrevoir, découvrir ou redécouvrir l'amour méconnu d'un Dieu qui ne veut ni ne permet le mal, d'un Dieu qui souhaite guérir les blessures secrètes du cœur humain, d'un Dieu qui invite chacun à entrer dès aujourd'hui dans une réciprocité d'amour avec lui, d'un Dieu qui ne demande qu'à revêtir l'être humain des multiples facettes de sa tendresse divine, afin de conduire cette réciprocité d'amour divino-humaine vers son plus haut degré d'intensité.

Notes-commentaires

1. Le refus d'associer les notions d'amour divin et de toute-puissance serait certes compréhensible et hautement louable s'il tendait à signifier qu'un amour ne serait pas un amour s'il agissait de façon imposante, écrasante. Mais cette dernière représentation de la toute-puissance n'est-elle pas précisément encore trop dépendante de la projection ici traitée pour entrevoir qu'un autre sens pourrait être attribué à cette toute-puissance, un sens qui ne trahirait plus la nature de l'amour ?

2. Maurice Zundel, dans des écrits spirituels tout imprégnés de sa sensibilité mystique, situe la véritable origine de l'indignation ressentie par l'être humain face au mal dans l'opposition extrême, voire infinie, entre la moindre forme de mal et l'existence de ce Dieu d'amour. Il y voit la raison même de l'étrange sensation d'avoir parfois affaire dans certains excès de mal à une réalité particulièrement obscure, sombre, troublante : « C'est parce que Dieu *est* que le mal peut avoir ce visage monstrueux, insoutenable et scandaleux comme le viol d'une Valeur infinie » (*Je est un autre*, Sillery, Anne Sigier, 1997, p. 40).

3. La notion de hasard se trouve ici employée en tant qu'alternative philosophique à l'existence d'un projet divin et non en tant que négation d'éventuelles manifestations de pur hasard au sein de ce même projet divin : un Dieu-Créateur aurait très bien pu laisser libre cours à des manifestations de pur hasard, alors liées à la complexité des imbrications possibles entre les innombrables éléments inhérents à sa création, tout en ayant su en tirer, au fur et à mesure, le meilleur profit en vue d'accomplir son dessein final. Ces manifestations de pur hasard feraient alors également partie du dynamisme lié à sa continuelle activité créatrice. Elles s'inscriraient dans la droite ligne du seul désir vraiment digne d'un Dieu d'amour

en un tel domaine : ne pas effectuer son exploration créatrice sans avoir octroyé au préalable une certaine marge de liberté ou de relative autonomie à tous les organismes possibles et imaginables, voire à la matière elle-même.

4. De cette histoire des atomes, le jésuite Gustave Martelet retrace les grandes lignes dans un ouvrage consacré aux multiples liens entre le développement du cosmos et de la vie : « Au dire des experts, l'essentiel se joue durant les trois premières minutes de l'Univers. […] C'est durant ces trois premières minutes qu'apparaissent l'hydrogène et l'hélium. La genèse des atomes a dès lors commencé. […] Étant donné le refroidissement produit par l'expansion [de l'Univers], les températures qui furent suffisantes à l'élaboration des atomes légers ne le sont plus pour produire des atomes plus lourds qui, selon l'hypothèse [du big-bang], "doivent" pourtant apparaître à leur tour. Même si l'on écarte absolument tout finalisme […], force est de reconnaître, cependant, que l'apparition des galaxies et des étoiles, au cours du processus d'expansion, sert de contrepoids à la chute thermique, dont cette expansion est, par décontraction, la cause. Or, ces températures fantastiques de milliards de degrés, ces pressions énormes de dix millions de grammes au centimètre carré – une locomotive dans un verre à liqueur – nécessaires à la synthèse des atomes beaucoup plus lourds que les premiers atomes sortis des entrailles du big-bang, seules les étoiles vont pouvoir les fournir. […] On comprend que des astres si précieux ne puissent finir qu'en beauté ! Leur éclatement mortel ensemence l'Univers d'une foule d'éléments dont le vivant apprendra peu à peu à tirer un parti imprévu et vraiment créateur. Il faudra pour cela que tant de richesses nouvelles, produites par les astres et que Reeves a nommées, quand elles passent en l'homme, de la "poussière d'étoiles", aient été collectées […] dans le système solaire, par la planète Terre » (*L'évolution et la création*, Paris, Cerf, 1998, p. 40, 42-43 et 45).

5. L'observation des aléas et des tâtonnements de l'évolution inviterait néanmoins une réflexion théologique à ne pas voir dans ce potentiel si prometteur le signe d'une création dont le moindre détail ultérieur aurait été forcément réglé à l'avance, comme par le Dieu-Horloger de Voltaire. Elle suggérerait plutôt d'y voir la base de créativité jugée par ce Dieu-Créateur la plus apte à offrir à son exploration créatrice un potentiel de complexité et de fertilité qui, malgré les nombreux impératifs inhérents au franchissement de certains seuils de complexité incontournables, lui donnerait tout de même le plus de marge possible pour parvenir à la création d'un être en mesure de partager un jour sa vie divine.

6. À tous ceux qui ont tendance à tenir des propos négatifs sur l'être humain ou sur la création en général, l'histoire de l'Univers adresse un vibrant appel à remettre bien des réalités en perspective, à se rappeler notamment que l'être humain provient de simples poussières d'étoiles et à s'émerveiller d'autant plus qu'une évolution partie de presque rien ait pu en arriver là. Cette mise en perspective vient également bousculer l'idée si répandue que l'être humain serait négligeable par rapport aux immensités qui l'entourent, idée à laquelle l'astrophysicien Hubert Reeves ne souscrit guère : « Voilà une remarque que j'entends souvent. À tous coups je proteste vivement. D'abord parce que, même si les étoiles sont très grosses, leur degré d'organisation est infime comparé à celui de la plus petite violette des bois. La machinerie stellaire est simple. Elle met en jeu des énergies énormes, qu'elle utilise, somme toute, assez brutalement. Avec un support énergétique infiniment plus faible, mais intégré dans un ensemble de cycles biochimiques de la plus haute sophistication, la violette bourgeonne, éclôt en fleurettes ravissantes et répand au loin des graines qui assureront sa reproduction » (*Patience dans l'azur*, Paris, Seuil, 1981, p. 159). Or la sophistication admirable d'une violette des bois n'est rien en comparaison de celle de l'être humain, comme le rappelle Gustave Martelet : « En dépit de l'effroi que nous inspire parfois la place infime qui est la nôtre, en masse et en durée, dans l'ensemble du monde, une réalité demeure indéniable : l'hypercomplexité de tout être vivant d'abord, mais *a fortiori* celle des vertébrés, des primates et de l'homme, représente par rapport à l'infini quantitatif de l'Univers en expansion un titre de noblesse qu'on ne peut négliger. Pour en rester aux seuls chiffres qui nous caractérisent, les soixante-dix mille milliards de cellules qui composent le corps d'un adulte, de poids moyen, ne sont pas numériquement insignifiants. Le nombre de neurones dont le cerveau humain se trouve gratifié l'est moins encore. Épanoui dans l'espace où chaque cellule deviendrait une étoile, notre cerveau donnerait lieu à une formation de plus de deux cent mille années-lumière : une véritable Voie lactée neuronale ! Sans doute serait-il déplacé de se complaire à l'excès dans ces chiffres, mais ils peuvent permettre à l'homme de résister, par la complexité organique qu'il est, au vertige que lui donne la quantité qu'il n'est pas. Celle qu'il représente lui confère le pouvoir et le droit de tenir son rang dans la galerie où se jouent les effets des grands nombres » (*L'évolution et la création*, *op. cit.*, p. 176). Mériteraient enfin d'être mentionnées avec insistance les dimensions – cette fois-ci incomparables – qui demeurent le propre de l'être humain et dont ne sont pas des moindres son degré de conscience, sa gestion de relations interpersonnelles voulues et surtout sa capacité d'apprendre à aimer.

7. Par exemple, les tremblements de terre, éruptions volcaniques et raz-de-marée (dont l'origine est généralement sismique ou volcanique) sont inextricablement liés à la combinaison de ces deux éléments que sont les températures très élevées au centre de la Terre et la rigidité de l'écorce terrestre. Or ces températures sont liées à la radioactivité de certains atomes constitutifs de cette planète, et l'état de l'écorce terrestre a rendu possible le développement de formes de vie complexe : sans cette diversité atomique ou cette complexité toujours croissante, l'apparition du genre humain n'aurait pu devenir réalité. Quant aux bactéries et aux virus, les premières sont impliquées dans le fonctionnement même de la vie dès son commencement et les seconds consistent en un apport génétique qui, s'il peut être mal vécu par certaines cellules, se trouve toutefois impliqué – lui aussi dès les origines de la vie – dans la complexification des modifications génétiques liées à la diversification des espèces. Liens inextricables parmi beaucoup d'autres…

8. Les phénomènes les plus dangereux pour l'humanité pourraient être comparés à ce que les notices médicales appellent des « effets secondaires indésirables » : ils ne sauraient être désirés par un Dieu-Créateur qui aimerait le genre humain, mais ils risquent malheureusement de se manifester à cause de la complexité des imbrications évolutives liées au fonctionnement du vivant et de son contexte vital.

9. Parmi ces spéculations, les plus répandues sont peut-être celles qui sous-entendent qu'un tel Dieu aurait pu créer l'être humain dans un autre contexte, mais qu'il aurait délibérément choisi de le faire passer par des épreuves et des souffrances diverses afin de l'éduquer ou de le tester d'une manière ou d'une autre. Il paraît difficile de voir derrière ce genre de spéculations autre chose que des tentatives désespérées de justifier l'état de ce monde sans vouloir renoncer à la conception humaine d'une toute-puissance divine quasi magique. Sous le couvert d'une éducation ou d'un apprentissage, ces spéculations sous-estiment l'horreur de la souffrance – autant celle de l'être humain que celle d'un Dieu d'amour – et, sans même s'en rendre compte, font de Dieu un sadique et un monstre ; c'est pourquoi elles ne sont pas seulement intolérables mais rigoureusement incompatibles avec un Dieu qui serait amour.

10. Si ces évocations d'une « part de mystère » sont justifiées dans le cas présent, la tendance à y recourir systématiquement face à la question du mal l'est beaucoup moins, et ce pour trois raisons précises. Premièrement, cette tendance dissimule la plupart du temps une fuite face aux contradictions qui caractérisent une foi encore dépendante du Dieu-Dictateur ou du

Dieu-Magicien issus de la projection inconsciente du désir infantile de toute-puissance. Deuxièmement, cette tendance cache parfois un anti-intellectualisme à double visage : d'un côté, le visage d'une méfiance à l'égard de tout développement intellectuel alors assimilé à une forme d'idéologie – mais le recours systématique à la notion de mystère ne finit-il pas lui-même par devenir idéologique ? De l'autre côté, le visage d'une déclinaison moderne de l'obscurantisme qui tend à rabaisser l'intelligence humaine en s'imaginant rendre ainsi hommage à l'intelligence divine, sans se rendre compte que seule l'attitude inverse lui rendrait vraiment hommage : la grandeur de l'intelligence humaine ne pourrait que rendre hommage à la grandeur du Dieu qui l'aurait créée ; plus encore : elle ne pourrait que réjouir le cœur d'un Dieu qui l'aurait créée dans le but que l'être humain puisse toujours mieux le connaître, le comprendre et célébrer avec lui la grandeur de sa création. Troisièmement, la tendance à recourir systématiquement à la notion de mystère se présente parfois comme un modèle d'humilité, ce qui est pourtant loin d'être toujours le cas. Quelle est en effet l'attitude la plus humble ? Celle qui consiste à se dire : « Si je n'ai pas compris, c'est qu'il s'agit forcément d'un mystère incompréhensible » ? Ou celle qui consiste à se dire : « Si je n'ai pas compris, c'est peut-être parce que je ne me suis pas posé les bonnes questions ou parce que je n'ai pas suffisamment approfondi le problème » ?

11. Cette distinction éclaire également le rôle d'une prière d'intercession : loin de s'identifier à une formule magique, une telle prière a pour vocation de s'associer à l'amour d'un Dieu qui ne forcerait pas le cœur humain mais l'inviterait plutôt à aimer, qui ne modifierait pas d'un coup de baguette les lois de la nature mais stimulerait plutôt l'expression plénière de leurs multiples virtualités. Si les croyants sont libres de considérer que cette invitation et cette stimulation peuvent à tout moment faire la différence, à eux de ne pas oublier néanmoins que les conséquences de cette activité divine ne sont pas mesurables : la complexité des paramètres qui entrent en ligne de compte n'autorise pas l'interprétation des apparences comme un éventuel manque d'écoute ou refus d'exaucement de la part d'un Dieu d'amour. Comme l'apôtre Jean sut le rappeler en son temps, un tel Dieu ne pourrait qu'associer à sa propre activité toute demande relative à l'amour : « Nous avons en Dieu cette assurance que, si nous demandons quelque chose selon sa volonté, il nous écoute. Et si nous savons qu'il nous écoute en tout ce que nous lui demandons, nous savons que nous possédons ce que nous lui avons demandé » (Première Épître de saint Jean, chapitre 5, versets 14 et 15).

12. Prend alors un tout autre sens l'une des affirmations en apparence les plus révoltantes de la réflexion théologique, à savoir que l'œuvre de Dieu serait « parfaite » : si chaque étape de sa création peut être qualifiée de « parfaite », ce n'est pas dans le sens où elle correspondrait à un état irréprochable, mais dans le sens où c'est uniquement en étant identique à ce qu'elle a été qu'elle pouvait conduire à d'autres étapes indispensables à la réalisation de ce projet divin, et donc, un jour, à l'étape finale de la résurrection supposée correspondre à un état effectivement irréprochable.

13. Cette prodigieuse ingéniosité créatrice et cette détermination sans faille illustrent respectivement la forme et le fond de ce projet créateur : illustration de la forme de ce projet créateur, car cette prodigieuse ingéniosité créatrice incarne l'aspect dynamique de la continuelle recherche effectuée par un Dieu qui, tout en ayant veillé à réunir les conditions les plus favorables à une complexification éminemment fertile, aurait constamment respecté la participation en partie autonome et également créatrice de tous les éléments créés, vivants ou non ; illustration du fond de ce projet créateur, car cette détermination sans faille traduit une volonté divine qui n'aurait jamais perdu de vue l'objectif ardemment désiré : tout accomplir pour rendre possible l'émergence d'un être vivant doté d'une conscience capable d'apprendre à aimer et donc capable un jour d'aimer Dieu lui-même.

14. Dans le cadre de propos tenus sur Dieu, une vigilance et un discernement s'imposent pour quiconque voudrait faire usage de certaines nuances ou autres subtilités théologiques qui, si justes et équilibrées puissent-elles paraître à ses propres yeux, risquent parfois de raviver des processus intérieurs susceptibles de paralyser le cheminement des personnes auxquelles ces propos s'adressent. À lui, donc, de s'interroger sincèrement sur les risques de défiguration liés à son approche, de chercher à les anticiper, afin de penser à évoquer certains éléments en mesure de les éviter ou de les limiter.

15. Co-auteur avec Melanie Klein de *L'amour et la haine*, la psychanalyste Joan Riviere répond en ces termes à ceux qui seraient choqués par de tels constats ou les remettraient en cause sous prétexte qu'ils n'en auraient aucun souvenir : « Il est inutile de dire que nous ne gardons pas le souvenir – la conscience – de ces premières expériences affectives, ni celui des adaptations qui les accompagnent et qui en sont la conséquence. Ces sentiments et ces expériences demeurent dans notre inconscient. De l'amour, de la peur, de la haine qui y règnent durant toute la vie, seule une petite partie arrivera jamais à se faire connaître de la conscience. La majorité des états

que j'ai décrits ici reste donc pour toujours inconsciente en nous. On pourrait dire de la psychanalyse qu'elle est l'étude des motivations du comportement humain, motivations jusqu'ici inexplicables parce qu'elles étaient inconscientes, c'est-à-dire inconnues de nous-mêmes » (*op. cit.*, p. 25).

16. De nombreuses personnes – notamment des adolescents – en arrivent parfois à se considérer comme de véritables monstres lorsque montent à leur conscience certaines bribes de ces pulsions et de ces désirs inconscients. Combien seraient-elles rassurées d'en apprendre ainsi la normalité et la positivité sur le long terme !

17. Dans ses réflexions sur la culpabilité, le psychiatre Marc Oraison mentionne l'importance pour chacun de se réconcilier avec le temps, avec les étapes inhérentes à sa condition humaine : « Ne serait-ce pas là le lieu même du surgissement du malaise de culpabilité ? L'homme qui ne veut pas consentir à sa condition réelle, "prendre son temps" en quelque sorte [...] ? L'homme qui veut aller trop vite... » (*La culpabilité*, Paris, Seuil, 1974, p. 58.) À chacun de ne pas oublier qu'il provient, à l'origine, de la poussière, qu'il porte en lui toutes les luttes propres à l'histoire de la vie et qu'il devra donc consentir au fait que son apprentissage de l'amour prendra du temps et ne sera jamais définitivement acquis. Carl Gustav Jung lui-même invite à prendre en compte le poids, présent en chacun, des luttes de l'histoire tout entière, qu'il s'agisse de l'histoire de l'évolution de la vie ou de l'histoire des générations passées, comme l'explicite l'analyste jungien Anthony Stevens : « La sélection répétée de mutations fortuites, à travers des centaines de millénaires et des millions de générations, a fini par créer la structure archétypique de l'espèce humaine, son génotype actuel. Cette réalité se retrouve dans la structure de la psyché aussi inévitablement que dans l'anatomie du corps humain. [...] L'hypothèse de l'inconscient collectif et de ses composantes archétypiques est d'une portée considérable, car elle insère la psychologie dynamique dans le courant principal de la biologie. Elle vise à établir une continuité entre le psychisme humain et le reste de la nature organique. Elle jette un pont entre la science de l'expérience et les sciences du comportement » (*Jung, l'œuvre-vie*, Paris, Éditions du Félin, 1994, p. 43-44).

18. Cette citation est d'autant plus remarquable que les auteurs bibliques, si inspirés aient-ils pu être, n'en demeurent pas moins des êtres humains habités par les mêmes luttes intérieures que les autres, sujets aux mêmes risques de projections inconscientes que tout un chacun (la trace en est d'ailleurs parfois perceptible dans certains passages ambivalents, notamment ceux qui sont liés à une interprétation de la volonté divine). À cet

égard, il n'est pas étonnant que ce soit un homme comme l'apôtre Jean qui ait osé exprimer une conviction aussi forte : il fallait sans doute avoir longuement et intimement côtoyé le Christ lui-même pour parvenir à dépasser l'influence de projections inconscientes susceptibles d'altérer la compréhension d'une éventuelle révélation ou manifestation de Dieu.

19. D'après la psychanalyse, la peur plus ou moins inconsciente que peut susciter cette intensité des pulsions sexuelles et des pulsions agressives, ainsi que les liens indirects qui se tissent entre elles lors des premiers stades de la vie, expliquent en grande partie la culpabilité diffuse ressentie par un certain nombre de personnes à l'égard de leur propre sexualité (hormis le cas, bien sûr, de celles qui auraient été victimes de réels traumatismes dans ce domaine). Cette culpabilité ne signifierait donc pas que les pulsions sexuelles seraient mauvaises en elles-mêmes, mais plutôt que l'inconscient se souviendrait en quelque sorte que leur développement s'est entremêlé avec celui des pulsions agressives du complexe d'Œdipe.

20. Ce mystérieux lien entre l'union d'éternité et l'amour humain est un des plus beaux dons que la théologie chrétienne puisse faire à une vie de couple, car elle lui fournit un sens et donc une motivation susceptible de soutenir encore davantage le renouvellement de la qualité de l'amour échangé au quotidien. Garder ce sens ultime bien vivant au plus profond de soi, le renouveler jour après jour, c'est percevoir le temps non plus comme un redoutable facteur d'érosion sentimentale, mais comme un allié qui offre à l'amour, grâce à ce continuel renouvellement de l'essentiel que seule la durée rend praticable, la possibilité d'accéder un jour à son plus haut degré d'intensité.

21. Le psychothérapeute Michel Dansereau note dans ses réflexions sur les positionnements de Sigmund Freud à l'égard de la religion : « Le courant mystique [...] intrigua Freud jusqu'à la fin de sa vie. Dans une lettre à Romain Rolland, il envie ce mysticisme qui lui permettait de déchiffrer l'âme humaine plus facilement qu'au psychanalyste. Une dernière note de sa main en date du 22 août 1938, trouvée sur son bureau après sa mort, porte ces mots : “mystique, l'obscure autoperception du règne qui s'étend au-delà du moi : le ça” » (*Freud et l'athéisme*, Paris, Desclée de Brouwer, 1971, p. 122-123).

22. Tant de malentendus et de disputes, notamment au sein d'un contexte conjugal ou familial, pourraient ne pas s'envenimer si les protagonistes étaient davantage conscients qu'une attitude ou une parole blessante provient elle-même, chez leur vis-à-vis, de l'impression subjective de ne pas avoir reçu l'attention, la reconnaissance ou l'amour qu'il attendait : loin de

correspondre à un rejet de l'amour, sa réaction cache en réalité un appel à être aimé davantage. Douter momentanément de l'amour de l'autre, laisser une certaine tristesse envahir son cœur et finalement répondre par un geste ou une parole qui vont blesser à leur tour, c'est alimenter un cercle vicieux qui ne peut être brisé qu'en dépassant les apparences pour chercher avec bienveillance la source de la peine qui a poussé son vis-à-vis à réagir de la sorte.

23. Une autre notion biblique, celle de la justice divine, généralement confondue avec celle du jugement alors qu'elle s'en distingue quelque peu, fut elle aussi souvent défigurée – sans doute sous l'emprise des projections inconscientes ici traitées – au point d'être spontanément opposée à la notion de miséricorde. Or les vocables hébreux *tsedeq* et *tsedaqah*, traduits par « justice » dans les versions françaises de l'Ancien Testament, signifient plutôt que Dieu, par sa fidélité et son amour, rétablit son peuple dans une situation salutaire (voir Psaume 98,2-3). Tout au long de l'histoire biblique, Dieu demeure ainsi fidèle à son alliance en pardonnant les torts des humains et en continuant à leur offrir malgré tout son amour (voir Néhémie 9,16-19) ; c'est pourquoi sa justice et sa miséricorde sont si intimement liées et ne peuvent aucunement être opposées.

24. Ce processus inconscient est malheureusement facile à exploiter de l'extérieur, ce qui explique l'impact assez profond et l'écho très large que parviennent toujours à trouver certains courants spirituels dont les propos s'apparentent parfois davantage à une forme de manipulation de conscience qu'à une authentique réflexion théologique. De tous temps, certaines personnes ont pensé bien faire en alimentant une peur de Dieu, persuadées que l'annonce d'un amour inconditionnel ne ferait que pousser leurs auditeurs à commettre encore davantage de mal. Or, non seulement leur approche défigure la réciprocité d'amour que, selon la révélation chrétienne, Dieu souhaite vivre avec chacun – « il n'y a pas de crainte dans l'amour ; au contraire, le parfait amour bannit la crainte » (1 Jean 4,18) –, mais surtout elle témoigne d'une profonde incompréhension de la psychologie humaine : ceux qui se découvrent sincèrement et intensément aimés souhaitent plus que jamais rendre la vie belle à leur entourage. L'attitude consistant à se complaire dans le mal ne pourrait se vérifier que chez des personnes qui ne parviennent pas à se croire sincèrement aimées, à avoir confiance dans l'amour de Dieu tel qu'il leur fut annoncé. Le comble, c'est que leur manque de confiance trouve parfois son origine précisément dans des propos théologiques ambigus qui, même au milieu d'un discours globalement positif sur l'amour de Dieu, sont tentés de maintenir certaines

réserves ou certaines conditions, fournissant ainsi au processus inconscient ici traité toute la nourriture dont il a besoin pour s'alimenter et réactiver en chacun la difficulté à se croire digne d'être aimé. L'annonce de l'amour divin perd alors la crédibilité qui lui aurait pourtant permis d'amorcer une guérison des blessures à l'origine de tel ou tel mal commis.

25. C'est là une vigilance à exercer non seulement à l'égard d'une éducation religieuse ou d'un éventuel prédicateur, mais aussi à l'égard des auteurs bibliques eux-mêmes, car ces derniers ont également dû connaître leurs propres combats intérieurs, si bien que leur humanité a forcément laissé des traces dans la transcription de ce qu'ils croyaient avoir compris d'un mystère qui les dépasse eux aussi. « J'ai encore beaucoup à vous dire, mais vous ne pouvez pas le porter à présent », dira même le Christ à ses disciples (Jean 16,12) : une révélation divine ne peut que s'inscrire dans une histoire humaine qui a son propre rythme, comparable en cela à une mère qui prend le temps d'apprendre à son enfant à marcher. Comment un Dieu d'amour qui tenterait de révéler son mystère à l'humanité pourrait-il ne pas tenir compte des limites inhérentes au cheminement de l'être humain et ne pas accompagner ce dernier à son rythme, consentant dès lors aux inévitables défigurations provisoires de son amour divin ?

26. Sous l'influence de cette même blessure narcissique, la lutte intérieure menée pour accéder à une véritable autonomie joue sans doute un rôle non négligeable dans certaines formes de refoulement systématique de la question de Dieu, de sourde indifférence ou de rejet parfois étonnamment agressif à son égard. C'est comme si derrière ces tendances se cachait la peur de perdre l'indépendance si chèrement acquise par rapport au lien parental, la peur de se retrouver de nouveau dépendant non plus cette fois-ci de son origine biologique mais de l'Origine par excellence. Le psychologue Antoine Vergote évoque cette difficulté souvent synonyme de paralysie spirituelle : « L'histoire affective et relationnelle qui est un long cheminement d'affranchissement ne prédispose pas naturellement à consentir à un lien qui implique une dépendance définitive. Les souvenirs de la religiosité infantile se mêlent en outre à la peur de continuer un état de soumission prématurée » (*Religion, foi, incroyance, étude psychologique*, *op. cit.*, p. 222). Le dépassement de cet état de paralysie spirituelle ne saurait avoir lieu sans la découverte progressive d'une forme de dépendance profondément respectueuse de la liberté de chacun et réellement épanouissante – celle, par exemple, d'un soutien mutuel dans l'amour. Croyant ou non, chacun pourrait au moins considérer que, dans le cas où il existerait

vraiment une Source divine de l'amour, il serait fortement improbable que cette dernière puisse se révéler décevante dans ce domaine.

27. Il importe de ne pas confondre cette attitude avec une authentique prise en compte d'un désir venant de Dieu, car seuls les avantages que ces personnes pourraient en tirer semblent leur importer.

28. Les tenants de cette logique mériteraient d'être interrogés à leur tour : « Les personnes qui vous sont les plus chères dans la vie, le sont-elles parce qu'elles sont censées résoudre tous vos problèmes et accomplir toutes vos demandes ? »

29. Cette nouvelle perspective ne repose ni sur un Dieu-Magicien tout droit sorti de rêves illusoires de toute-puissance, ni sur un Dieu-Dictateur qui imposerait un destin à des marionnettes, mais sur un Dieu d'amour en continuelle activité qui frappe inlassablement à la porte de chaque cœur sans jamais s'imposer – activité divine à laquelle la prière du croyant vient s'associer dans une même espérance : que l'amour en sorte vainqueur.

30. Certes, une forme de condescendance dénuée de toute tendance méprisante – celle, par exemple, d'une supériorité bienveillante de type paternaliste – pourrait dans certains cas prétendre refléter quelque chose du regard compatissant d'un Dieu d'amour envers sa créature en continuel apprentissage de la vie. Mais son application systématique à Dieu dénaturerait en permanence tout projet créateur dont la véritable visée consisterait à susciter un être conscient, pleinement adulte, en mesure d'entrer un jour dans une authentique réciprocité d'amour divino-humaine.

31. Plotin, au IIe siècle de l'ère chrétienne, fut peut-être le premier d'entre eux à oser mentionner un désir en Dieu même, mais compris alors de façon introvertie, à savoir comme un désir de s'aimer lui-même et lui seul, et non comme un désir d'aimer un autre ou d'être aimé par un autre que lui-même : « Quant à [Dieu], se transportant en lui-même, il s'aime, il aime sa pure clarté ; il est lui-même ce qu'il aime. [...] Pour prouver que cette inclination vers lui-même, qui est comme son acte, et que cette immobilité en lui-même constituent l'être qu'il est, il suffit de supposer le contraire : s'il incline au-dehors, il perdra son être. Donc l'acte dirigé vers lui, c'est là son être ; lui et cet acte ne font qu'un » (*Ennéades* VI, chapitre 8, alinéa 16).

32. D'après Antoine Vergote, l'usage abusif de la notion de besoin dans le langage courant « recouvre et occulte le phénomène à étudier », y compris lorsqu'il s'agit du désir de l'être humain pour Dieu : « À proprement parler, le terme de besoin désigne les nécessités vitales de l'organisme ; mais dans le comportement psychologique de "l'organisme humain", les besoins,

même élémentaires, sont marqués par des motivations qu'on ne peut plus concevoir en termes de besoin. [...] Du fait que le désir de Dieu s'exprime dans les métaphores du besoin [...], on ne peut pas non plus conclure à un besoin naturel de Dieu. Le désir religieux peut se former à l'intérieur d'un attachement croyant, mais il n'a pas le caractère naturel des besoins » (*Religion, foi, incroyance, étude psychologique*, *op. cit.*, p. 37 et 39).

33. En outre, la présence de ce désir réciproque d'être aimé révèle la sensibilité des deux cœurs concernés, témoignant alors indirectement de leur beauté intérieure respective, celle-là même qui fonde la beauté actuelle de leur union.

34. Les conséquences les plus douloureuses d'une négligence de son propre désir d'être aimé se vérifient souvent lorsqu'il s'agit d'effectuer un discernement en matière sentimentale. Combien de personnes s'imaginent pouvoir être heureuses par le simple fait de vivre un jour aux côtés de l'être aimé, alors que, si ce dernier n'a pas fait le choix de veiller à réaliser également leur bonheur, elles finiront par souffrir de plus en plus de ce manque d'amour. Il importe, avant tout engagement déterminant, d'exercer un discernement pour vérifier la présence d'une solide réciprocité affective, d'une attention mutuelle bien concrète aux désirs et aux attentes de chacun.

35. À partir du moment où cette Présence divine serait identifiée, comme le fait la foi chrétienne, à la source et à l'expression ultime de l'amour, sa sensibilité correspondrait à la source et à l'expression ultime de toute sensibilité. Pour se représenter cette sensibilité divine sans trop la défigurer, chacun peut faire appel à sa propre expérience humaine dans ce domaine en se laissant d'abord saisir intérieurement par ce qu'il a ressenti en présence de la personne la plus sensible qu'il ait jamais rencontrée, puis en se disant que la sensibilité d'un Dieu d'amour se situerait encore au-delà.

36. Cette intégration revêt une importance considérable dans le cadre d'une vie consacrée à Dieu, par exemple dans une vocation de type monastique, puisque la réciprocité d'amour censée en être le fondement principal ne se vit qu'avec Dieu seul. Plus le moine intériorisera le fait que cette Présence divine continuellement à ses côtés attend d'être intensément aimée, plus cette intériorisation deviendra la source à laquelle s'étanchera sa soif d'aimer Dieu de toutes les fibres de son être sans refouler les énergies d'amour qui sommeillent au plus profond de lui. À cette même source s'étanchera également sa soif de comprendre l'appel que Dieu lui a adressé en l'invitant à s'engager dans une vocation aussi radicale, dans une relation aussi exclusive.

37. À l'instar de la théorie de la projection, ce que la théorie de l'évolution est en mesure de remettre en cause, c'est la représentation que tant de croyants et de non-croyants se font de l'activité d'un Dieu-Créateur, et non l'existence de ce Dieu-Créateur en tant que telle (voir le chapitre « Une création aux étapes incontournables » dans la première partie de cet ouvrage).

38. Il n'est pas rare que ce règlement de comptes prenne une tournure agressive. Elle poussera même Ludwig Feuerbach à traiter de « lâcheté » le refus de nier l'existence de Dieu après avoir découvert la théorie de la projection : « C'est seulement l'inconséquence d'un cœur lâche et d'un entendement faible qui, de cette conscience, ne progresse pas jusqu'à la négation formelle des prédicats, puis de celle-ci jusqu'à la négation de l'être qui les fonde » (*L'essence du christianisme*, *op. cit.*, p. 135). Si lâcheté il y a, ne résiderait-elle pas plutôt dans le refus de regarder en face les limites établies par la distinction qui s'impose entre la question de la représentation de Dieu et celle de l'existence de Dieu ? Si lâcheté il y a, ne résiderait-elle pas plutôt dans la tendance à s'appuyer sur la théorie de la projection pour arrêter là son cheminement spirituel, au lieu de continuer à avancer dans sa propre nuit grâce au précieux éclairage désormais fourni par cet apport psychologique ? En son temps, et au cœur de ses propres luttes intérieures, Blaise Pascal avait perçu combien l'adhésion à une certaine forme d'athéisme pouvait impliquer un cheminement déjà remarquable, mais, à ses yeux, ce cheminement se devait de franchir encore d'autres étapes : « Athéisme, marque de force d'esprit, mais jusqu'à un certain degré seulement » (*Pensées et opuscules*, Paris, Hachette, 1904, p. 431).

39. Ce décalage se vérifie également dans la représentation de l'amour divin lui-même. Ludwig Feuerbach y voyait la projection de l'amour que le croyant porte déjà en lui : « Telle la pensée de l'homme, tels ses sentiments, tel son Dieu : autant de valeur possède l'homme, autant et pas plus, son Dieu. [...] Tu crois en l'amour comme à une qualité divine, parce que toi-même tu aimes » (*op. cit.*, p. 129 et 135). Or, même muni d'un potentiel d'amour exceptionnel, l'être humain dans sa condition terrestre se trouve encore dans une phase d'apprentissage de l'amour, une phase également marquée par ses ténèbres intérieures, ses blessures, ses fragilités et ses limites : s'il se contentait de projeter ce qu'il porte en lui, même le meilleur de lui-même, il ne serait pas en mesure d'accéder à la représentation chrétienne de Dieu, celle d'un amour « sans ténèbres » (1 Jean 1,5), « parfait » (Matthieu 5,48). Pour y accéder, il lui faudrait user d'un raisonnement qui consisterait à prendre le meilleur de lui-même et à considérer ensuite que l'amour en Dieu est encore plus accompli. Mais cette

modification raisonnée n'en ferait plus, dès lors, une projection de soi pure et simple ! En réalité, l'être humain est loin de se représenter spontanément un tel Dieu, à moins d'avoir été, d'une manière ou d'une autre, en contact avec un texte ou une parole qui évoque ce Dieu d'amour, ce qui n'en ferait pas davantage une projection de soi puisqu'il s'agirait alors de l'accueil d'un message extérieur à soi ; et même dans ce dernier cas, un cheminement, bien conscient celui-là, lui serait encore nécessaire pour se libérer progressivement des peurs, des doutes et autres obstacles qui gravitent inéluctablement autour de la notion de Dieu.

40. Souligner l'apport constructif et éclairant de la théorie de la projection au sein d'une quête intérieure, c'est aussi inviter à ne pas en avoir peur, et même à se réjouir profondément que l'intelligence humaine ait pu parvenir à une telle découverte. Un Dieu d'amour, lui, ne pourrait que s'en réjouir profondément, tant cette théorie de la projection semble capable d'amener l'être humain à remettre en cause les représentations théologiques les plus susceptibles de défigurer le mystère de son amour divin !

41. Cette mystérieuse correspondance divino-humaine justifierait non seulement la confiance dans la capacité de l'être humain à vivre une possible réciprocité d'amour avec Dieu, mais également la confiance dans la capacité de certaines analogies humaines à s'approcher légitimement du mystère de l'amour divin.

42. Ce grand philosophe du XXe siècle que fut Paul Ricœur en avait l'intime conviction : « Aussi radical que soit le mal, il n'est pas aussi profond que la bonté. Et si la religion, les religions, ont un sens, c'est de libérer le fond de bonté des hommes, d'aller le chercher là où il est complètement enfoui. [...] Et je pense qu'acclamer la bonté, c'est l'hymne fondamental » (« Libérer le fond de bonté », dans *Taizé, au vif de l'espérance*, Paris, Bayard, 2002, p. 205 et 207).

43. Ayant observé que la difficulté à percevoir sa propre beauté intérieure se retourne souvent en agressivité contre les autres et contre soi, Fédor Dostoïevski avait tenu à souligner, dans un dialogue devenu célèbre, l'importance pour chacun de découvrir sa bonté fondamentale : « – Ils ne sont pas bons, reprit soudain Kirilov, parce qu'ils ne savent pas qu'ils sont bons. [...] Il faut qu'ils apprennent qu'ils sont bons et aussitôt tous deviendront bons, tous, jusqu'au dernier. [...] Celui qui enseignera que tous sont bons, celui-là parachèvera le monde. – Celui qui l'enseignait, on L'a crucifié. [...] Si vous appreniez que vous croyez en Dieu, vous y croiriez ; mais comme vous ne savez pas encore que vous croyez en Dieu, vous n'y

croyez pas, dit Nicolas Vsevolodovitch en souriant » (*Les démons*, Paris, Fernand Hazan, 1963, p. 258-259).

44. « Chargez-vous de mon joug et mettez-vous à mon école, car je suis doux et humble de cœur, et vous trouverez soulagement pour vos âmes. Oui, mon joug est aisé et mon fardeau léger », rappelle le Christ (Matthieu 11,29-30) comme pour interdire à quiconque, et surtout aux autorités religieuses, d'user de ses paroles pour écraser ou pour faire peur. Un tel usage défigurerait l'amour de Dieu et s'identifierait à une manipulation de conscience en son nom contre laquelle le Christ met fermement en garde : « Malheur à vous, scribes et pharisiens hypocrites, qui fermez aux hommes le Royaume des Cieux ! Vous n'entrez certes pas vous-mêmes, et vous ne laissez même pas entrer ceux qui le voudraient » (Matthieu 23,13).

45. « Je connais tes épreuves et ta pauvreté – tu es riche pourtant » : telles sont les paroles que le livre de l'Apocalypse (chapitre 2, verset 9) met dans la bouche du Christ. « Riche » de quoi ? Riche, tout d'abord, de cet amour divin inconditionnel offert à chacun, mais riche également de cette image de Dieu en soi, de cette mystérieuse correspondance divino-humaine, de ce potentiel d'amour qui ouvre toutes grandes les portes d'une intimité avec Dieu.

46. Cette tendance a suffisamment marqué les mentalités pour que nombre de penseurs suivent Ludwig Feuerbach sur ce point : « Pour enrichir Dieu, l'homme doit s'appauvrir ; pour que Dieu soit tout, l'homme doit n'être rien. [...] La religion nie, de plus, le bien en tant que propriété de l'être humain : l'homme est mauvais, corrompu, incapable du bien ; mais par là seul Dieu est bon. [...] Dieu est l'absolument positif, la somme de toutes les réalités, l'homme est l'absolument négatif, la somme de toutes les nullités » (*L'essence du christianisme*, *op. cit.*, p. 143-145 et 153).

47. Cette manipulation de conscience est d'autant plus inacceptable qu'elle joue du lancinant sentiment de culpabilité qui habite les profondeurs du psychisme humain pour les raisons évoquées au cours de la deuxième partie de cet ouvrage.

48. Quelles que soient les convictions de chacun, il est frappant de constater qu'aucun humanisme, aucun système philosophique ou religieux ne saurait conférer de statut plus élevé à l'être humain que celui d'être destiné à s'unir pour toujours à la Source suprême de l'amour elle-même. Aucun humanisme, aucun système philosophique ou religieux ne saurait conférer à chaque parole et chaque geste d'amour emplis de tendresse un statut plus élevé que celui-ci : être une admirable préparation à cette union divino-humaine qui leur confère cette valeur et cette saveur d'éternité si souvent pressenties par tout amour authentique. En tout cas, ce n'est pas un

humanisme athée qui pourrait lui conférer une telle grandeur, prisonnier qu'il est de l'espace-temps scellé par la mort et par le néant auquel il voue tout un chacun. Cet humanisme athée semble vivre au-dessus de ses moyens lorsqu'il tend à occulter le mystère et le drame de la mort individuelle, sous couvert de la perspective des nouvelles générations, d'un prolongement familial ou encore d'un progrès social au service de la collectivité : refoulerait-il alors les conséquences de ses propres convictions, à savoir que cette mort et ce néant engloutiront aussi toutes les générations à venir et ce qu'elles auront réalisé, comme si elles n'avaient jamais existé ?

49. Au IIe siècle, saint Irénée de Lyon en avait déjà l'intime conviction : « La gloire de Dieu c'est l'homme vivant » (*Contre les hérésies*, livre IV, chapitre 20, alinéa 7, Paris, Cerf, « Sources chrétiennes », n° 100, 1965, tome 2, p. 649).

50. Il est dans l'ordre des choses qu'un potentiel spirituel exercé puisse pressentir par moments des réalités difficilement perceptibles par un potentiel non exercé. Cependant, pour la spiritualité chrétienne, la confiance en cette Présence divine n'est pas appelée à dépendre d'un ressenti constamment soumis aux aléas de la subjectivité humaine : d'une part, la nature de cette Présence divine appartient de toute façon à une autre dimension et ne saurait donc être limitée à ce que la condition humaine pourrait en percevoir ; d'autre part, la confiance en cette Présence divine toujours offerte est surtout appelée à reposer sur la cohérence du projet et du désir d'un Dieu qui serait amour : un Dieu qui aimerait chaque être humain ne pourrait que souhaiter demeurer proche de chacun à tout moment. En outre, une vie intérieure étant de l'ordre de la communion et non de la communication, elle porte en elle l'appel à découvrir avec étonnement que les apparents avantages de la communication humaine – la vue, l'ouïe et le toucher dont tant de croyants souhaiteraient disposer dans leur relation à Dieu – seraient en réalité bien inférieurs à ce qui leur est déjà offert dans le cadre d'une communion : alors que la communication implique un corps limité par l'espace et le temps, sans oublier un entendement naturel propice à bien des malentendus, la communion, elle, offre à une réciprocité d'amour divino-humaine la possibilité de bénéficier plus pleinement de la capacité de cette Présence divine à se tenir toujours proche de chacun, à comprendre les profondeurs du cœur humain, à offrir son amour divin et à accueillir l'amour qui lui serait porté, le tout à un degré que la communication humaine ne saurait atteindre.

51. Ce thème biblique de l'être humain créé à l'image de Dieu, également présent dans la foi musulmane, pourrait même jouer un rôle déterminant

dans le dialogue interreligieux par sa capacité à créer une passerelle entre les démarches mystiques relatives aux deux grands hémisphères spirituels de l'humanité, celui issu de l'Inde et celui qui provient du monde sémitique. À la différence des mystiques chrétienne, juive et musulmane qui s'appuient sur une conception personnifiée de l'Ultime, l'intention fondamentale des principaux courants mystiques hindous et bouddhistes n'est pas de sortir de soi-même pour s'unir à un Autre par amour – extase –, mais plutôt celle de descendre aux profondeurs de son être pour y découvrir que son identité véritable ne fait qu'un avec celle de l'Ultime – enstase. Or cette différence ne justifie pas en elle-même la tendance à les opposer : la perspective d'une union amoureuse dans laquelle chacun – le Créateur comme sa créature – a conscience de demeurer lui-même ne s'oppose pas à la perspective d'un « éveil » grâce auquel l'être humain devient conscient de la correspondance-unité fondamentale de ses profondeurs avec l'Ultime. Les mystiques chrétienne, juive et musulmane ne pourraient-elles pas apprendre à s'émerveiller du fait que la reconnaissance de cette identité véritable confirme indirectement la possibilité même d'une communion d'amour entre Dieu et l'être humain ? Et les mystiques hindoue et bouddhiste ne pourraient-elles pas apprendre à s'émerveiller du fait que la réalisation d'une communion d'amour caractérisée par une altérité respectée confirme indirectement leur expérience d'enstase, dans la mesure où une telle réalisation implique une identité humaine d'un certain point de vue plus divine qu'il n'y paraît ?

52. Ces deux enjeux illustrent la raison d'être la plus profonde du fameux interdit vétérotestamentaire : « Tu ne te feras aucune image sculptée, rien qui ressemble à ce qui est dans les cieux, là-haut, ou sur la terre, ici-bas, ou dans les eaux, au-dessous de la terre » (Livre de l'Exode, chapitre 20, verset 4).

53. Le théologien René Laurentin précise que cette comparaison ne peut prétendre s'appuyer sur la Bible, notamment à cause des écrits sapientiaux où la Sagesse divine s'apparente à la présence même de Dieu auprès du genre humain : « La littérature de Sagesse met en parallèle et en corrélation constants femme et Sagesse. Et, finalement, elle projette en Dieu ces valeurs d'initiative, d'intuition, de présence au cosmos, ce sens de la vie, dont la femme est le meilleur témoin. Cette ligne de réflexion qui prépare la théologie du Saint-Esprit introduit un dernier thème fort important, car il corrige l'idée que l'homme est supérieur à la femme, comme Dieu à l'humanité » (« Marie et l'anthropologie chrétienne de la femme », dans *Nouvelle Revue Théologique*, tome 89, 1967, p. 510-511).

54. Des représentations de Dieu en grande partie semblables à ces deux exemples ont été peintes à la même époque, au XVIe siècle : celle du vieillard barbu par Michel-Ange sur la voûte de la chapelle Sixtine dans sa fresque intitulée *La création* ; celle de la jeune femme souriante par un peintre anonyme dans l'église St-Jacob d'Urschalling (Bavière) sous la forme d'une fresque consacrée à la Trinité sur laquelle figure une représentation féminine de l'Esprit Saint suffisamment rare pour être dûment évoquée.

55. Parmi les causes de cette relativisation de l'identité sexuée, sur le plan anthropologique comme sur le plan théologique, mériterait également d'être mentionné le souci du christianisme primitif de promouvoir la notion de personne, de faire respecter le mystère de la personne quelle que soit son identité féminine ou masculine, et aussi de lutter contre les justifications théologiques ambiantes d'une pratique de la prostitution sacrée. Le théologien Olivier Clément estime que cette étape était nécessaire à l'histoire spirituelle de l'humanité : « Il fallait affirmer, au-delà des pesanteurs biologiques, le mystère de la personne et notamment de la femme comme existence personnelle et non simple reproductrice » (*Corps de mort et de gloire*, Paris, Desclée de Brouwer, 1995, p. 68-69) ; mais, à ses yeux, cette étape doit aussi apprendre en temps voulu à réintégrer des éléments parfois laissés pour compte de façon justement trop réactive : « Retrouver le sens "spirituel" de l'éros, c'est retrouver une symbolique du divin, et d'abord de l'Esprit, qui ne soit plus uniquement masculine, mais à la fois masculine et féminine en même temps que trans-sexuelle » (*Le visage intérieur*, Paris, Stock, « Monde ouvert », 1978, p. 99).

56. L'analyste jungien Anthony Stevens présente ainsi la pensée de Carl Gustav Jung à ce sujet : « L'*anima*, chez l'homme, et sa représentation symétrique, l'*animus*, dans l'inconscient de la femme, font partie du système inné que l'évolution nous a légué afin de promouvoir et de maintenir le lien hétérosexuel. [...] L'*animus* et l'*anima* résument les attentes innées dont chaque sexe se trouve doté face à l'autre. [...] Fondamentalement, l'archétype du sexe opposé représente donc l'équivalent psychique des caractéristiques physiques de l'autre sexe dont tous les hommes et les femmes sont porteurs. [...] Loin d'être de simples vestiges archaïques, ces signes s'ancrent dans un complexe dynamique qui sera déterminant dans l'organisation des rapports entre les sexes et qui jouera un rôle symbolique crucial dans la vie psychique de l'individu » (*Jung, l'œuvre-vie*, *op. cit.*, 1994, p. 51 et 144-145).

57. Une abondante littérature théologique a parfois tenté de nier l'importance de l'identité sexuée en s'appuyant sur deux citations bibliques :

Galates 3,27-28 et Luc 20,27-36. Cependant, une telle interprétation de ces passages ne résiste pas à une analyse rigoureuse : une fois replacées dans leur contexte, ces quelques lignes de l'Épître aux Galates ne signifient pas que l'identité sexuée disparaît dans la vie spirituelle, mais que, dans le Christ, l'homme et la femme cessent de s'opposer ou d'exercer une quelconque domination l'un sur l'autre pour se découvrir égaux et réconciliés ; quant au texte de l'Évangile selon saint Luc, le Christ y évoque les liens conjugaux humains, et non l'identité sexuée en tant que telle, pour rappeler que l'union éternelle ne se vit pas avec un être humain mais avec Dieu qui sera « tout en tous » (1 Corinthiens 15,28). D'une manière générale, la négation parfois passionnée du rôle de l'identité sexuée ou la tentative systématique de le rabaisser, loin d'être le fruit d'une réflexion prétendument objective, sont symptomatiques soit de blessures personnelles liées à un tel sujet, soit, de façon plus large, de difficultés rencontrées dans la gestion de certaines questions relatives à sa propre identité sexuée. Il s'ensuit un refoulement ou un déni de la réalité certes compréhensibles, mais qui ne sauraient devenir à la longue synonymes d'une saine construction humaine et spirituelle.

58. Ceux qui essaieraient de se représenter les personnes qui leur sont les plus chères – conjoint, meilleur(e) ami(e), etc. –, en leur retirant leur identité féminine ou masculine, voire en inversant celle-ci, se rendraient vite compte qu'un tel exercice se révèle pratiquement impossible tant cette identité sexuée s'identifie au moi réel, au mystère irréductible de la personne concernée.

59. Ce désir de vivre un amour intense avec Dieu révèle indirectement une autre cause possible du manque d'intérêt témoigné par certains croyants à l'égard de l'emploi d'analogies masculines et féminines dans la réflexion théologique : la nature de la relation entretenue avec Dieu. En effet, s'il s'agit d'une relation où une certaine intimité avec Dieu ne se serait pas encore développée, au point d'en être restée à un plan strictement hiérarchique, au niveau d'un rapport avoisinant celui de maître à esclave (« Seigneur, Seigneur, aie pitié »), alors il n'est pas surprenant que l'identité sexuée attribuée à une représentation analogique de Dieu entraîne peu de changement quant au vécu de cette foi. Il n'en va déjà plus de même pour une relation avec Dieu qui serait de l'ordre de l'amitié, car une amitié ne se gère pas intérieurement de la même manière sur le plan de la sensibilité et de l'attitude générale adoptée, selon qu'elle est vécue avec un homme ou avec une femme. Cette gestion intérieure prend encore une autre tournure s'il s'agit d'une relation avec Dieu de l'ordre de l'amour, celle-là même pour

laquelle l'être humain a été créé et que le Christ n'a cessé d'appeler de ses vœux (« Tu aimeras le Seigneur ton Dieu de tout ton cœur, de toute ton âme et de tout ton esprit » [Matthieu 22,37]), car l'intégration d'une manière d'aimer humaine dans une intimité avec Dieu trouverait alors un précieux soutien dans la reconnaissance d'un étroit rapport entre les modalités de l'amour divin et les manières d'aimer masculine et féminine.

60. À cet égard, ce qui est grave dans les spiritualités qui traitent leurs fidèles comme s'ils étaient des êtres asexués, ce ne sont pas tellement les diverses fuites de soi et les multiples refoulements qu'elles risquent d'induire ou d'entretenir en permanence, ni non plus l'ignorance du fonctionnement psychique de l'être humain dont elles font souvent preuve, mais surtout leur inaptitude à conduire une vie intérieure vers une consécration encore plus totale à Dieu, vers une intimité divino-humaine qui implique d'offrir toute sa manière d'être et d'aimer à Dieu sans mettre de côté une partie de soi-même.

61. Ce constat ne retire rien à la beauté de l'amour féminin et maternel que nombre de spiritualités attribuent à Marie, mais la resitue à sa juste place, à savoir comme un magnifique reflet de l'amour divin lui-même.

62. Les grandes religions actuelles puiseraient dans leurs courants mystiques respectifs bien des trésors et autres sources d'inspiration à ce sujet, que ce soit pour s'ouvrir davantage à une telle perspective ou pour l'approfondir lorsqu'elle y est déjà représentée. L'auteur du présent ouvrage ne respecte que trop les courants mystiques issus du hassidisme (mystique juive), du soufisme (mystique musulmane), du bhaktisme (mystique hindoue) et notamment du bouddhisme tantrique pour s'autoriser à les aborder lui-même au cours de ces pages alors qu'ils ne font pas partie de sa propre tradition religieuse. En ce qui concerne le hassidisme et le soufisme, la parole sera laissée à cet expert en science des religions qu'est le professeur Carl-Albert Keller : « La kabbale exploite le fait que certains concepts fondamentaux du judaïsme apparaissent comme des grandeurs féminines, comme par exemple la Torah et la Shekina. [...] Ainsi Dieu lui-même est-il perçu comme un être complet, masculin et féminin, paternel et maternel, en équilibre constant en lui-même tout en connaissant des sentiments amoureux et des élans communautaires dans son propre être. [...] Dans la tradition soufie, l'amour fou est surtout symbolisé par le personnage mi-historique mi-légendaire de Qaïs, poète saisi d'un amour fou pour Laïlâ, au point d'être surnommé "le Fou" : Majnûn. Majnûn est un personnage extraordinairement populaire que les milieux des mystiques amoureux de Dieu aiment à évoquer. [...] Dans le soufisme, la contemplation du Divin

apparaissant dans le beau visage d'une personne bien-aimée est également une pratique couramment admise. [...] "Je suis Majnûn pour celui d'où Laïlā tient sa théophanie (qui a manifesté Sa beauté dans Laïlā)" [un disciple du soufi Ni^c Matullāh] » (*Approche de la mystique dans les religions occidentales et orientales*, Paris, Albin Michel, 1996, p. 294-295 et 289-291). Mériterait également d'être mentionnée la mystique hindoue qui, dans la bhakti (« l'amour pour Dieu ») développée par le grand maître Ramanuja à partir du XIe siècle, accorde une place non négligeable à la Shakti, à la fois Énergie cosmique et Présence féminine de Dieu ; l'amour d'un Shrî Râmakrishna pour la déesse Kâlî en deviendra une des illustrations les plus bouleversantes : « "Mon regard tomba sur elle ; et j'eus le cerveau traversé d'un éclair. – Elle ! [...] Au-dedans de moi roulait un océan de joie ineffable. Et jusqu'au fond, j'étais conscient de la présence de la Divine Mère." Dès lors, ses jours, ses nuits, se passèrent dans la présence continuelle de l'Aimée » (Romain Rolland, *La vie de Râmakrishna*, Paris, Stock, 1929, p. 46 et 49). Il conviendrait de ne pas oublier non plus le tantrisme dont l'influence sur l'hindouisme et le bouddhisme se vérifie dans l'importance donnée à la représentation féminine de l'Ultime d'où sont issues certaines particularités propres au bouddhisme tantrique : « Le tantrisme se présente lui-même comme une théologie de la toute-puissance (*shakti*) divine vénérée sous l'aspect d'une déesse. [...] Un Buddha, d'ailleurs, ne devient tel que lorsqu'il s'est laissé "prendre en main" par la divine Sagesse. [...] Ce sont ces "noces mystiques" que l'adepte est appelé à vivre au terme de son progrès spirituel. C'est elle qui inspire l'adepte, le guide, lui ouvre la voie ; et c'est à elle-même qu'en fin de compte son "moi" (son *purusha*, son *âtman*) va s'unir. Les bouddhistes qui nient l'existence de l'*âtman* lui substituent le "pouvoir discriminant" (*vijnâna*) qu'ils marient à la Sagesse suprême (*Prajnâ-Pâramitâ*) selon un schéma strictement analogue. [...] Lorsque le couple s'est enfin formé, la béatitude apparaît que les bouddhistes nomment *mahâ-sukha* (grand bonheur) et les hindous *ânanda* (félicité spirituelle). C'est là tout le programme du tantrisme » (Jean Varenne, *Le tantrisme*, Paris, Albin Michel, 1997, p. 37 et 238-241).

63. La psychanalyste Catherine Luquet-Parat invite à ne pas sous-estimer cette activité souterraine dont personne n'est débarrassé une fois pour toutes : « Toute difficulté endogène ou apparemment exogène fait revivre le conflit œdipien. Cette reviviscence du conflit œdipien constitue le premier échelon régressif à partir de la situation relativement stable [consécutive à la résolution de l'Œdipe]. [...] Toute situation nouvelle, tout remaniement dans la constellation libidinale, c'est-à-dire toute organisation

libidinale à l'aide d'un objet nouveau, ou dans un contexte nouveau, reflète aussi le conflit œdipien. Tout se passe comme si chaque restructuration ne pouvait se faire que par une nouvelle traversée du conflit œdipien et à l'aide de cette nouvelle traversée » (« L'organisation œdipienne du stade génital », dans *Revue Française de Psychanalyse*, tome XXXI, n°s 5-6, 1967, p. 790 et 792).

64. Le dominicain Dominique Cerbelaud va même jusqu'à écrire : « [Rappelons] tout d'abord une donnée généralement passée sous silence : dans l'Ancien Testament, Dieu est plus souvent désigné comme "mère" que comme "père", en raison notamment de l'utilisation fréquente, chez les prophètes, de l'image de la "matrice" » (« Un Dieu d'eau et de vent, l'Esprit Saint dans les Odes de Salomon », dans *La vie spirituelle*, n° 10, mai-juin 1994, p. 318). Il importe néanmoins de préciser que l'emploi du mot *rahamin* peut aussi évoquer la part de féminité présente en tout homme, la part de maternité présente en tout père. Olivier Clément y fait allusion dans une réflexion sur la paternité spirituelle : « Le grand spirituel n'est nullement asexué, comme certains textes, plus manichéens que chrétiens, le laisseraient parfois entendre. Au contraire, si c'est un homme il accomplit pleinement sa virilité, si c'est une femme, sa féminité, tout en intégrant, d'une certaine manière, la polarité sexuelle, l'*animus* et l'*anima* dont parle Jung. Le père spirituel acquiert une tendresse maternelle, la mère spirituelle une force virile » (*Corps de mort et de gloire*, *op. cit.*, p. 53).

65. Ces quelques lignes du prophète Néhémie en demeurent l'illustration la plus typique : « Nos pères s'enorgueillirent, ils raidirent la nuque, ils n'obéirent point à tes ordres. Ils refusèrent d'obéir, oublieux des merveilles que tu avais accomplies pour eux ; ils raidirent la nuque, ils se mirent en tête de retourner en Égypte, à leur esclavage. Mais tu es le Dieu des pardons, plein de pitié et de tendresse, lent à la colère et riche en bonté : tu ne les as pas abandonnés ! Même quand ils se fabriquèrent un veau de métal fondu, déclarèrent : "C'est là ton Dieu qui t'a fait monter d'Égypte !" et commirent de grands blasphèmes, toi, dans ton immense tendresse, tu ne les as pas abandonnés au désert : la colonne de nuée ne s'écarta point d'eux pour les guider de jour sur la route, ni la colonne de feu la nuit, pour illuminer devant eux la route où ils chemineraient » (Livre de Néhémie, chapitre 9, versets 16 à 19).

66. Les Évangiles synoptiques (Matthieu, Marc et Luc) utilisent de façon très restreinte la notion de père. L'Évangile de Jean est le seul à l'employer de nombreuses fois, mais Joachim Jeremias estime que sa rédaction plus tardive devrait être prise en considération : « Marc, la tradition des *logia* et

les passages propres à Luc sont unanimes : ils ne connaissent, dans le langage du Maître, qu'un emploi restreint du mot "Père" pour désigner Dieu ; avec Matthieu, les témoins commencent à se multiplier, et chez Jean, "le Père" est devenu pratiquement synonyme de "Dieu". [...] Entre les Synoptiques et Jean, les chiffres présentent une divergence étonnante, et révélatrice dès le premier coup d'œil : l'emploi absolu *ho patèr* (le Père) pour désigner Dieu ne remonte qu'à une époque très tardive » (*Abba, Jésus et son Père*, *op. cit.*, p. 30 et 37). La théologienne Elizabeth Johnson ajoute au sujet des Évangiles synoptiques : « De plus, d'autres appellations, dans le langage de Jésus véhiculé par les Évangiles, sont porteuses d'un poids théologique aussi grand, voire plus grand, que le mot "père". Dans une étude qu'elle consacre aux Évangiles synoptiques, Elisabeth Schüssler Fiorenza [*En mémoire d'elle*, Paris, Cerf, 1986, voir p. 183-200] montre que l'expression employée habituellement par Jésus pour désigner Dieu, selon ces textes, est *basilou tou theou*, qui symbolise de manière vivante le règne de Dieu, l'être même de Dieu établissant une communauté de shalom. Dans chacune des paraboles et chacun des énoncés où Jésus utilise ce symbole, est évoquée en fait Dieu-Sophia, modèle inclusif de la compassion et de la sollicitude. Fait intéressant à noter : *basileia* est un mot féminin » (*Dieu au-delà du masculin et du féminin, Celui/Celle qui est*, Paris, Cerf, 1999, p. 133).

67. Les exégètes soulignent souvent que la manière dont le Christ s'adresse directement à Dieu en utilisant le mot « Père » comme un vocatif exprime déjà une proximité particulière : il ne s'agit plus d'une simple désignation collective de Dieu comme père d'Israël, ni même d'une simple affirmation de la paternité divine, mais d'une adresse véritablement personnelle. Certains, à la suite de Joachim Jeremias, insistent sur le degré exceptionnel de familiarité avec Dieu que laisse supposer le recours de Jésus au terme araméen *Abba* – proche du français « papa » –, un terme, selon Witold Marchel, inexistant dans la prière juive sans suffixe ou addition : « Il faut distinguer entre l'invocation dans la prière et la simple affirmation de la paternité divine. Si invraisemblable que cela puisse paraître, il n'y a pas un seul texte juif dans lequel le seul terme d'"Abba", sans suffixe ou addition, soit employé comme invocation dans la prière » (*Dieu Père dans le Nouveau Testament*, *op. cit.*, p. 34). D'autres, à la suite de l'exégète Marc Philonenko, corrigent ou complètent une telle approche en invitant à ne pas laisser pour autant libre cours à des spéculations piétistes qui alimenteraient une spiritualité infantilisante, mais à percevoir davantage derrière l'emploi du terme *Abba* une reprise de la version araméenne du Psaume 89, qui le relie fondamentalement à la reconnaissance par le Christ de son identité messianique

(voir son article « De la “prière de Jésus” au “Notre Père” », dans *Revue d'histoire et de philosophie religieuses*, avril-juin 1997, p. 133-140). L'imbrication de cette intimité unique avec Dieu et de cette conscience de son identité la plus profonde culmine finalement dans cette assertion du Christ vraiment révélatrice de son apport sur la mystérieuse réalité divine qui se cache derrière le mot « Père » : « Qui m'a vu a vu le Père » (Évangile selon saint Jean, chapitre 14, verset 9).

68. L'étrange absence de la mère dans la parabole dite du « fils prodigue » (voir Luc 15,11-32), alors que non seulement les deux fils mais aussi les serviteurs et les invités sont mentionnés, laisserait presque supposer qu'aux yeux du Christ cette figure du père conjugue déjà une paternité humaine et une maternité humaine ; le peintre Rembrandt Harmenszoon van Rijn, au XVIIe siècle, semble en avoir eu le pressentiment, en représentant le père de la parabole avec une main masculine et une main féminine dans *Le retour du fils prodigue*.

69. Dès son premier acte public pour présenter son ministère, à savoir sa lecture dans la synagogue de Nazareth d'après l'Évangile selon saint Luc (chapitre 4, versets 16 à 21), le Christ montre sa volonté de gommer les traits violents ou vengeurs parfois attribués à Dieu en s'arrêtant délibérément de lire le Livre d'Isaïe, afin de ne pas prononcer des paroles qu'il ne veut visiblement pas faire siennes. Il est vrai qu'après les versets : « L'Esprit du Seigneur est sur moi, parce qu'il m'a consacré par l'onction, pour porter la bonne nouvelle aux pauvres. Il m'a envoyé annoncer aux captifs la délivrance et aux aveugles le retour à la vue, renvoyer en liberté les opprimés, proclamer une année de grâce du Seigneur » suit une défiguration typiquement humaine de l'amour divin : « ... et un jour de vengeance pour notre Dieu » (Livre d'Isaïe, chapitre 61, versets 1 et 2).

70. Effectuer un discernement – et cela est probablement vrai dans tous les domaines de la vie – ne consiste pas à considérer que telle ou telle réalité serait bonne ou mauvaise en elle-même – tout dépend de l'usage qui en est fait, de la perspective poursuivie et de l'état d'esprit qui l'accompagne –, mais à avoir le courage de faire la part des choses entre ses avantages et ses inconvénients afin d'être en mesure, le cas échéant, de faire fructifier davantage ce qui est bon, selon la parole de saint Paul : « Vérifiez tout : ce qui est bon, retenez-le » (Première Épître aux Thessaloniciens, chapitre 5, verset 21).

71. Cette ambivalence, caractérisée par un mélange d'amour et de haine, prend sa source dès l'allaitement maternel, selon la psychanalyste Melanie Klein : « Le premier objet d'amour et de haine du bébé, sa mère, est à la

fois désiré et haï avec toute l'intensité et toute la force qui sont caractéristiques de ses besoins primitifs. Tout au début il aime sa mère au moment où elle satisfait son besoin d'être nourri, lorsqu'elle soulage sa faim et qu'elle lui donne ce plaisir sensuel qu'il éprouve quand sa bouche est stimulée par la succion du sein. [...] Lorsque cependant le bébé a faim et que ses désirs ne sont pas satisfaits, ou bien lorsqu'il éprouve une douleur physique ou de l'inquiétude, la situation change brusquement. Haine et agressivité s'éveillent. Le bébé est alors dominé par des tendances à détruire la personne même qui est l'objet de tous ses désirs et qui, dans son esprit, est étroitement liée à tout ce qu'il éprouve, le bon comme le mauvais » (*L'amour et la haine*, *op. cit.*, p. 86-87).

72. À ceux qui seraient choqués par une telle ambivalence ou qui la remettraient en cause sous prétexte qu'ils n'en auraient aucun souvenir, il faudrait rappeler la réponse de la psychanalyste Joan Riviere (voir la note n° 15 du présent ouvrage).

73. Certains courants psychanalytiques ont parfois identifié l'expérience mystique à une tentative de retrouver un état fusionnel similaire à celui de l'enfant dans le ventre maternel, n'hésitant pas à y voir une forme de régression intérieure. Or, pour ce qui est de la mystique chrétienne (la question se pose autrement pour la mystique bouddhiste), ce n'est pas une fusion qui est recherchée, car l'union prônée avec Dieu y est présentée comme une communion, c'est-à-dire une union dont la puissance n'a rien à envier à l'union de la fusion mais qui se réalise dans une altérité respectée, sans séparation et sans confusion, où chacun a conscience de demeurer lui-même et de le devenir toujours plus en vérité. À l'opposé de la quête d'une plénitude fusionnelle, la plénitude de communion recherchée par les mystiques chrétiens soutient l'avènement le plus authentique de la personne.

74. Prétexter du risque fusionnel avec la mère pour justifier un refus d'employer des analogies maternelles dans le langage théologique revient à proposer une solution aussi inappropriée, voire aberrante, que celle qui consisterait à supprimer tout lien entre un enfant et sa mère en prétextant de ce même risque fusionnel ! L'équilibre de l'enfant ne passe évidemment pas par la suppression de tout lien avec sa mère, mais, si possible, par une présence paternelle attentive à assumer ses responsabilités et à compléter harmonieusement le rôle irremplaçable de la mère. Cette complémentarité et cette réciprocité si essentielles invite toute réflexion théologique à ne pas se complaire dans un emploi exclusif des analogies paternelles.

75. Nulle autre assertion biblique sur ce point ne saurait être plus poignante et suggestive que celle du prophète Isaïe : « Une femme oublie-t-elle

son petit enfant, cesse-t-elle de chérir le fruit de ses entrailles ? Même si les femmes oubliaient, moi, [Dieu,] je ne t'oublierai pas » (chapitre 49, verset 15).

76. Relever ce défi permet indirectement un emploi plus constructif des analogies paternelles et maternelles, car leur usage exclusif risque en effet d'entretenir chez certaines personnes une foi infantilisante, comme le note la théologienne Élisabeth Parmentier : « À l'image paternaliste de Dieu s'ajoute le risque de l'image paternaliste d'un Dieu parent, qui maintient les croyants dans une foi infantile : "Il faudrait retravailler les images maternelles et paternelles de Dieu, afin qu'il devienne enfin un Dieu des adultes et pour les adultes. Lorsque j'étais enfant, j'avais certainement besoin d'un Dieu-mère et d'un Dieu-père. En tant qu'adulte, j'ai besoin d'une déité à ma mesure. [...] Ce n'est certainement pas l'intérêt de Dieu que des adultes se comprennent et se comportent toujours avec lui comme des enfants" [Sigrid Grossman, "Gottesbilder", in *Feministische Theologie*, Stuttgart, Evangelisch-Theologische Fakultät, 1988, p. 82] » (*Les filles prodigues*, Genève, Labor et Fides, 1998, p. 113).

77. Dans le langage courant, la notion de personne est souvent confondue avec celle d'individu. Or, pour la foi chrétienne, la personne ne désigne pas un être individuel isolé mais plutôt un être en communion avec, une « communion avec » qui prend une tournure radicale lorsqu'il s'agit du mystère même de Dieu. La crainte d'une confusion entre les notions d'individu et de personne a même poussé les premiers penseurs chrétiens à employer en grec une autre terminologie, préférant évoquer trois « Hypostases » en Dieu plutôt que trois « Personnes ». Plus tardivement, saint Thomas d'Aquin parviendra à formuler une approche du concept de Personne en Dieu qui justifie pleinement son emploi et demeure peut-être l'un des plus beaux dons qu'il ait offerts à l'intelligence de la foi ; le jésuite Bernard Sesboüé présente ce don en soulignant l'évocation novatrice et éclairante de « relations subsistantes » en Dieu même : « Dans la notion de relation, saint Thomas a fait saillir le côté absolu ; dans celle de personne il fait saillir le côté relatif : "[...] La relation en Dieu n'est pas comme un accident inhérent à un sujet : elle est l'essence divine elle-même ; par suite, elle est subsistante au même titre que l'essence divine. [...] Ainsi la personne divine signifie la relation en tant que subsistante [...]" (*Somme théologique*, Q. 29, a. 1). La personne divine est donc un être purement relationnel, tout en étant un être relationnel subsistant. Quand un homme est père, on distingue ce qu'il est en lui-même et ce qu'il est pour son fils, un père. La relation chez lui est accidentelle. Tandis qu'en Dieu cette relation est ce qui constitue la personne comme telle. Le

pour-autrui relationnel de la personne est identiquement son en-soi : ce que le Père est pour son Fils le constitue uniquement en lui-même comme Père ; autrement dit le Père est tout entier Père, il n'est que cela, il est paternité subsistante. Et seule cette relation subsistante le distingue réellement de son Fils ; pour tout le reste il ne fait qu'un avec lui. C'est ainsi que l'on peut comprendre que chacune des relations subsistantes fasse nombre avec les autres, sans faire nombre avec l'essence et sans diviser celle-ci. La personne comme relation subsistante est donc bien cette notion unique capable d'exprimer à la fois les deux côtés du mystère trinitaire » (*Le Dieu du Salut*, Paris, Desclée de Brouwer, 1994, p. 314-315).

78. S'il n'est déjà pas habituel pour l'être humain de concevoir la notion de personne comme distincte de la notion d'individu, il l'est encore moins de concevoir une seule et unique essence divine, un seul et unique Dieu lorsqu'est évoquée la présence de plusieurs Personnes divines qui s'aiment. Le théologien Walter Kasper tente de rendre cet aspect le plus intelligible possible en insistant sur la différence entre le fait d'avoir de l'amour et d'être l'amour : « La différence incompréhensible pour l'intelligence humaine entre l'amour humain et l'amour divin consiste en ce que l'homme a l'amour alors que Dieu est l'amour. Parce que l'homme a l'amour et que celui-ci ne constitue pas toute son essence, il est dans l'amour relié à d'autres personnes, sans faire avec elles une seule essence ; chez les hommes l'amour instaure une communauté de personnes étroite et profonde, mais pas une identité d'essence. Dieu par contre est l'amour et son essence est absolument simple et unique ; c'est pourquoi les trois personnes possèdent une essence unique ; leur unité est une unité essentielle et pas seulement une communauté de personnes. Cette Trinité dans l'unité de l'essence une est le mystère insondable de la Trinité, que nous ne pouvons jamais comprendre rationnellement, mais seulement rendre partiellement accessible à l'intelligence croyante » (*Le Dieu des chrétiens*, Paris, Cerf, 1985, p. 432).

79. Le respect de l'altérité de chacune des trois Personnes divines dans leur union d'amour fait particulièrement ressortir la capacité de ce mystère trinitaire à porter à leur plein épanouissement les deux facettes – unité et altérité – propres à un amour digne de ce nom. L'Orient chrétien prendra plutôt comme point de départ cette altérité des Personnes divines pour considérer ensuite leur unité, alors que l'Occident chrétien privilégiera davantage l'unicité de l'essence divine avant d'exprimer l'altérité intra-divine. Les deux approches ont leur grandeur et expriment chacune à sa manière le mystère de cet amour divin, mais, comme le note Walter Kasper,

la conception orientale, en mettant davantage en relief la dimension interpersonnelle de la Trinité, laisse particulièrement bien transparaître sa capacité à exprimer le mystère de l'amour : « Nous devons partir du Père en tant que principe sans principe d'un amour qui se répand de lui-même, qui pose le Fils et l'Esprit comme libres, tout en les unissant à lui dans l'unique amour. Prendre la liberté souveraine de Dieu dans l'amour comme point de départ et d'unité dans la Trinité, c'est, à l'encontre de la tradition latine dominante, partir non pas de l'essence divine, mais du Père qui possède principalement l'essence divine constituée par l'amour. Car l'amour ne peut être pensé que comme personnel ou interpersonnel. Ainsi la personne ne peut exister que dans la communication de soi aux autres et dans la reconnaissance par d'autres personnes. C'est la raison pour laquelle l'unité et l'unicité divines, surtout quand Dieu est par avance pensé comme personnel, ne peuvent pas être comprises comme solitude » (*ibid.*, p. 431-432).

80. Méditer sur l'existence d'un Dieu-Créateur implique de prendre également en considération la période qui précédait les débuts de sa création, surtout s'il s'agit d'une réflexion relative à l'essence divine : l'argument selon lequel la réalisation de cette création ou l'existence d'une relation entre un tel Dieu et sa création peuvent être interprétées comme une marque d'amour demeure insuffisant pour rendre compte d'un lien entre le mystère de l'amour et une essence divine préexistant à toute création.

81. Walter Kasper présente la Trinité comme une « auto-révélation historique » de Dieu, rappelant que la théologie trinitaire « a son fondement exclusivement dans l'histoire de Dieu avec les hommes, dans l'autorévélation historique du Père par Jésus Christ dans l'Esprit Saint » (*Le Dieu des chrétiens*, *op. cit.*, p. 344). À ceux qui verraient dans la reconnaissance de la divinité de l'Esprit Saint, affirmée officiellement pendant le concile de Constantinople en l'an 381, une spéculation tardive, éloignée de la foi des origines, Bernard Sesboüé rappelle que c'est au contraire parce qu'elle avait toujours été reconnue que le besoin ne s'était pas fait ressentir de la formuler officiellement dès les débuts du christianisme : « Jusque vers le milieu du IVe siècle la question de la divinité du Saint-Esprit ne s'était pas posée. Dieu est éminemment Esprit. Son souffle est celui-là même de la vie de Dieu. Ce souffle planait sur les eaux au moment de la création : il est donc préexistant. Il était envoyé aux prophètes bien avant la venue du Christ. Il n'a pas pris chair. Son origine divine ne faisait donc pas problème. [...] Pour toutes ces raisons la divinité de l'Esprit était restée une possession paisible de la foi, sans que pour autant sa personnalité ait été tirée au clair. Mais la longue série des débats autour de la divinité du Fils a

transformé profondément cette problématique ancienne. Il est remarquable que la divinité de l'Esprit ait été mise en question vers 360, au moment même où commence à s'imposer le bien-fondé de l'affirmation nicéenne sur le Fils. Il s'agit en quelque sorte d'un choc en retour. Tout ce qui vient d'être dit dans l'Église à propos de la divinité du Fils doit-il s'appliquer également à l'Esprit ? » (*Le Dieu du Salut*, *op. cit.*, p. 261-262.)

82. L'apôtre Jean choisit symboliquement le récit des noces de Cana pour débuter son Évangile, invitant à y voir un « signe » révélateur de l'identité du Christ et du sens le plus profond de son ministère (voir Jean 2,1-12), et il conclut l'Apocalypse par ce même thème des noces mystiques (voir Apocalypse 21,2-4 ; 22,17 et 20). Saint Paul, quant à lui, ose écrire : « J'éprouve à votre égard en effet une jalousie divine ; car je vous ai fiancés à un époux unique, comme une vierge pure à présenter au Christ » (Deuxième Épître aux Corinthiens, chapitre 11, verset 2).

83. Victor Dillard introduit son sentiment à ce sujet par une prière dans laquelle se reconnaîtraient de nombreux chrétiens : « Esprit Saint ! J'essaie de vous saisir, de vous isoler dans le divin où je plonge. Mais la main tendue ne me ramène rien, et je glisse insensiblement à genoux devant le Père, ou penché sur mon Christ intérieur familier. [...] Vous êtes trop près, je ne puis pas savoir. Seigneur, montrez-moi un peu votre visage, faites que je voie. Apprenez-moi comment je ne puis pas me passer de vous [...]. On ne vous intègre pas dans la vie totale qui anime notre christianisme. Vous êtes un mot, un titre, une expression compliquée. On se figure que seuls peuvent vous comprendre les savants ès choses divines [...]. Comme si vous n'étiez pas une personne. Une personne comme nous, et comme le Père, et comme le Fils, exactement comme eux, et donc une personne attachante avec tout son mystère d'impénétrable centre et de fascinant rayonnement » (*Au Dieu inconnu*, Paris, Beauchesne, 1938, p. 5-9).

84. Le théologien Serge Boulgakov invite à distinguer la manière d'aimer propre à chaque Personne divine : « Il y a enfin l'amour personnel de l'homme pour l'homme, à l'image de l'amour mutuel des personnes équihypostatiques de la Sainte-Trinité ; car le Père aime le Fils et le Saint-Esprit à *Sa manière*, comme le Fils aime à *Sa manière* le Père et l'Esprit, de même que l'Esprit Saint aime à *Sa manière* le Père et le Fils » (*Le Paraclet*, Paris, Aubier, 1946, p. 324).

85. Certains courants théologiques ont parfois fait allusion à la part de féminité dont témoigne telle ou telle réaction du Christ (voir Matthieu 23,37) ou à la part de virilité parfois liée à l'activité de l'Esprit, mais ce constat ne fait que renforcer le parallélisme que d'autres théologiens,

notamment issus de l'Orthodoxie, ont pressenti d'un côté entre le mystère du Christ et celui de l'homme – chez lequel Carl Gustav Jung a discerné une part de féminité (l'*anima*) – et de l'autre entre le mystère de l'Esprit et celui de la femme – chez laquelle Carl Gustav Jung a discerné une part de virilité (l'*animus*). Le théologien Paul Evdokimov y voit les bases d'une véritable anthropologie théologique : « Le type différent des ressemblances individuelles avec Dieu de l'homme et de la femme relève du fait qu'elles sont des révélations différentes du Père comme le sont le Fils et l'Esprit Saint. Scheeben [théologien catholique allemand] établit cette distinction en disant qu'Adam est la ressemblance du Fils (*similitudo Filii*) et Ève est la ressemblance du Saint-Esprit (*similitudo Spiritus Sancti*) » (*Le Mariage, sacrement de l'amour*, Paris, ELF, 1947, p. 159). Cette anthropologie théologique semble des plus prometteuses, dans la mesure où elle dépasse la seule mention du Christ comme archétype de l'être humain. Certes, le mystère du Christ, par sa nature humaine, rejoint et porte en lui toute créature humaine, qu'elle soit homme ou femme ; mais cet aspect du mystère n'exclut pas qu'une réflexion sur le thème de l'être humain créé à « l'image de Dieu » apprenne à intégrer le rôle joué par l'Esprit dans le mystère de la création, comme saint Irénée de Lyon, au IIe siècle, avait déjà veillé à le faire : « Depuis toujours, en effet, il y a auprès de [Dieu] le Verbe et la Sagesse, le Fils et l'Esprit. C'est par eux et en eux qu'il a fait toutes choses, librement et en toute indépendance, et c'est à eux qu'il s'adresse lorsqu'il dit : "Faisons l'homme à notre image et à notre ressemblance" » (*Contre les hérésies*, livre IV, chapitre 20, alinéa 1, Paris, Cerf, « Sources chrétiennes », n° 100, 1965, tome 2, p. 627).

86. Olivier Clément insiste sur cette dimension en rendant hommage à la pensée théologique de Paul Evdokimov : « Dans son approche des racines divines et des archétypes humains du masculin et du féminin, [...] le masculin est lié au Logos [le Christ], le féminin au Pneuma [l'Esprit], qui tous deux révèlent le Père dans un don total et réciproque. La femme est appelée à inspirer, consoler, incarner, comme l'Esprit » (« Paul Evdokimov, témoin de la beauté de Dieu », dans *Contacts*, *op. cit.*, p. 76).

87. Parmi les théologies dites « féministes », certaines reconnaissent avoir parfois cherché à intégrer des analogies féminines dans leur langage sur la Personne du Christ à cause de ce déséquilibre, de crainte que l'attribution de ces analogies à l'Esprit Saint ne maintienne une forme d'infériorité de la femme par rapport à l'homme. Il en ressort que la promotion d'une parfaite égalité entre le Christ et l'Esprit Saint serait non seulement plus conforme à une foi trinitaire digne de ce nom, mais aussi plus apte à soutenir un

discernement équilibré dans la recherche du meilleur emploi possible d'analogies masculines et féminines au sein de la réflexion théologique.

88. Si leur complémentarité et leur réciprocité sont illustrées dès les deux premiers versets de la Bible, selon lesquels Dieu crée par son Verbe pendant que son Esprit couvre les eaux, elles se retrouvent plus que jamais mises en évidence à l'approche et lors de la vie du Christ (voir Luc 11,49 ; Luc 1,15b ; Luc 1,35a ; Luc 2,25b-26 ; Luc 3,22 ; Luc 4,1 ; Luc 4,14 ; Luc 10,21 ; Actes 1,2 ; Matthieu 12,28 ; 1 Pierre 3,18b ; Jean 16,12-13a). Elles concluent d'ailleurs la Bible : « L'Esprit et l'Épouse disent : "Viens !" [...] Amen, viens Seigneur Jésus ! » (Apocalypse 22,17 et 20.)

89. Cette tendance n'est pas étrangère à la doctrine du *Filioque* développée par l'Occident chrétien qui, à la différence de l'Orient chrétien, a soutenu que l'Esprit Saint procède du Père « et du Fils » et ne s'est plus retrouvé pleinement en mesure de donner à l'Esprit Saint sa place de réciprocité et de complémentarité par rapport au Fils, ni d'ailleurs de clarifier suffisamment celle du Père comme Source unique de la Trinité.

90. Évoquant son cheminement de l'athéisme vers la foi chrétienne, Olivier Clément lui-même reconnaît avoir été influencé par ce constat dans son choix pour l'Orthodoxie : « J'avais fait quelques lectures, consulté mes amis catholiques et protestants. Or je ne voyais pas de Trinité. Seulement une bi-unité. On parlait tout le temps du Père et du Fils, et de leur amour. Quant à l'Esprit Saint, c'était leur lien d'amour, leur soupir d'amour, leur commun produit. Oh ! Il y avait toute une doctrine de l'Esprit Saint, mais je ne voyais pas à quoi elle servait, ni à quoi Lui-même servait. Le Père et le Fils semblaient suffire » (*L'autre soleil*, Paris, Stock, 1975, p. 131). L'Orient chrétien, pour sa part, est toujours demeuré attentif à exprimer toutes les relations interpersonnelles au sein du mystère trinitaire, en respectant la place de chaque Personne divine, comme l'illustre l'icône de la Trinité, peinte par Andreï Roublev au XVe siècle, représentant trois personnages de même apparence (inspirée du récit biblique de la visite de trois mystérieux personnages à Abraham ; mais, là, pas de vieillard barbu à la Michel-Ange, ni d'êtres exclusivement masculins). Paul Evdokimov rappelle que cette icône est considérée par l'Orthodoxie comme le « modèle de l'iconographie et de toutes les représentations de la Trinité » : « [André Roublev] recrée le rythme même de la vie trinitaire, sa diversité une et le mouvement d'amour qui identifie les Personnes sans les confondre. [...] On comprend bien ce sentiment devant l'icône des icônes, l'icône de la Sainte Trinité, exécutée en 1425 par le moine André Roublev. Environ cent cinquante ans après, le "Concile des Cent Chapitres" l'érige en modèle de l'iconographie

et de toutes les représentations de la Trinité » (*L'art de l'icône, théologie de la beauté*, Paris, Desclée de Brouwer, 1972, p. 207).

91. Loin de se limiter à l'activité d'une force impersonnelle, celle de l'Esprit Saint s'identifie dans la bouche du Christ à l'activité d'une personne : seule une personne peut donner la vie, enfanter spirituellement (voir Jean 3,5-8), réconforter, soutenir (voir Jean 14,16-17), rendre témoignage, enseigner, introduire à la vérité (voir Jean 14,26 ; 15,26 ; 16,13), inspirer (voir Luc 12,11-12). Plus clair encore est le passage où le Christ présentera l'Esprit Saint comme « un autre Paraclet », une invitation, selon Pierre-Yves Émery, frère de Taizé, à s'adresser à l'Esprit Saint « comme à un "Tu" » : « "Je prierai le Père, dit Jésus, et il vous donnera un autre Paraclet, pour être avec vous à jamais l'Esprit de vérité" (Jean 14,26s). "Paraclet" : celui qui assiste, qui soutient, qui prend la défense. "Un autre Paraclet", autrement dit, dans l'intention de Jésus, un autre moi-même, pour accomplir une œuvre semblable, un autre Quelqu'un. C'est dire vraiment qu'à partir de la rencontre de Jésus, qui est l'œuvre même du Saint-Esprit, Jésus nous le fait rencontrer comme une personne, à qui nous devons penser et nous adresser comme à un "Tu" » (*Le Saint-Esprit, présence de communion*, Taizé, Les Presses de Taizé, 1980, p. 57). Il existe même un passage biblique où l'Esprit Saint parle à la première personne, employant un « je » habituellement réservé au Père ou au Fils : « Or, un jour, tandis qu'ils célébraient le culte du Seigneur et jeûnaient, l'Esprit Saint dit : "Mettez-moi donc à part Barnabé et Saul en vue de l'œuvre à laquelle je les ai appelés" » (Livre des Actes des Apôtres, chapitre 13, verset 2).

92. Sur le plan strictement linguistique, certaines formulations – par exemple, « l'Esprit du Christ ressuscité » ou « ton Esprit Saint » – risquent de nourrir une indéniable ambiguïté susceptible d'entraîner une réduction de l'Esprit Saint au seul Christ universalisé. Si la reconnaissance du lien unique entre le Christ et l'Esprit Saint, ainsi que de leur activité commune, les rend certes inséparables l'un de l'autre, elle appelle néanmoins à reconnaître leur relation interpersonnelle sans confusion ni séparation. Pierre-Yves Émery invite à méditer leur amour interpersonnel en lien avec leur amour mutuel pour l'être humain : « Dans cet effacement mutuel du Verbe incarné [le Christ] devant l'Esprit et de l'Esprit au profit du Verbe notre frère, ce qu'il s'agit de discerner, c'est une réciprocité d'amour : l'amour mutuel du Fils et de l'Esprit, qui les fait apparaître comme au service de leur mission respective, un amour où, par humilité, ils se mettent en valeur mutuellement. Et cet amour nous concerne très intensément, parce qu'il est aussi leur commun amour à notre égard et leur humilité

conjointe en vue de notre salut. [...] De manière indirecte et seconde, la réciprocité que nous venons d'évoquer entre le Verbe et l'Esprit nous amène à confesser l'Esprit comme un vis-à-vis du Christ, dans un échange d'amour qui ne peut être qu'interpersonnel » (*Le Saint-Esprit, présence de communion*, *op. cit.*, p. 55 et 57).

93. Expert en patristique, Joseph Wolinski, co-auteur avec Bernard Sesboüé du *Dieu du Salut*, rappelle que le modalisme fut jugé incompatible avec la foi trinitaire dès les premiers siècles : « Par modalisme on entend une doctrine qui, au nom du monothéisme, élimine plus ou moins radicalement le nombre en Dieu, c'est-à-dire nie en lui l'existence de trois personnes éternellement distinctes. On parlera bien de Père, de Fils, et d'Esprit Saint, mais sans y voir davantage que trois modes différents pour Dieu d'entrer en relation avec le monde. C'est le même et unique Dieu qui se manifeste sous des visages différents. Basile de Césarée, au IVe siècle encore, dénoncera le Dieu modaliste » (*op. cit.*, p. 179).

94. Cette tendance illustre bien l'usage utilitaire de la religion qu'est tenté de faire un être humain davantage préoccupé par son propre salut que par une authentique réciprocité d'amour avec Dieu vécue pour elle-même.

95. Élisabeth Parmentier effectue un tour d'horizon des diverses suggestions des théologiennes dites « féministes » dans *Les filles prodigues* (Genève, Labor et Fides, 1998). Voir également les recherches d'Elizabeth Johnson dans *Dieu au-delà du masculin et du féminin, Celui/Celle qui est* (Paris, Cerf, 1999).

96. Il s'agira de revenir plus longuement sur cet « étroit rapport ». Pour le moment, il suffit de noter avec le théologien René Laurentin que « souvent Sagesse et Esprit sembleraient identifiés (Sagesse 1,5 ; 7,22-24) avec de remarquables parallélismes synonymiques : "Ta volonté, qui l'a connue, sans que tu aies donné la Sagesse et envoyé d'en haut ton esprit saint (9,17) ?" Ils sont souvent assimilés ou interchangeables » (*L'Esprit Saint, cet inconnu*, Paris, Fayard, 1997, p. 114).

97. Loin d'être réduite à la simple personnification littéraire et poétique d'un attribut divin qui prévaut lors de ses premières apparitions bibliques, la figure de la Sagesse est peu à peu identifiée à la Présence divine elle-même : « L'essentiel, c'est que cette Sagesse n'est pas une chose, une doctrine, une direction, un salut, mais une Personne, un Moi qui adresse un appel. Elle est ainsi la figure sous laquelle Yahvé se présente et sous laquelle il veut que l'homme le cherche » (Gerhard von Rad, *Théologie de l'Ancien Testament*, Genève, Labor et Fides, 1963, p. 384-385).

98. Plusieurs hypothèses ont été émises sur l'origine de cette figure féminine, sur d'éventuelles influences interreligieuses qui auraient pu pousser les auteurs bibliques à reproduire certains traits propres à des déesses égyptiennes, phéniciennes ou mésopotamiennes comme Isis, Astarté ou Ishtar. Mais un véritable discernement dans ce domaine consiste surtout à identifier les raisons profondes et les expériences spirituelles sous-jacentes à une telle élaboration scripturaire, comme y invite le dominicain Philippe Lefebvre : « Ce n'est pas là une simple figure littéraire, mise au point pour colorer ce que la quête sapientielle peut avoir d'austère. Il ne s'agit pas non plus fondamentalement d'une influence occulte de religions étrangères, que seul le savant averti pourrait décrypter : chez les Égyptiens ou d'autres peuples environnant Israël, la sagesse est souvent l'apanage d'une déesse, et cette déesse, attifée d'oripeaux israélites, aurait finalement gagné droit de cité dans les Écritures saintes. Non. Si la Sagesse est une personne féminine, c'est au fond parce que les sages l'ont ainsi expérimentée. Eux qui mettent si souvent en garde contre les idoles de toutes sortes étaient suffisamment en alerte sur leurs propres pratiques, leurs façons de s'exprimer. S'ils présentent résolument, pendant des siècles, dans différents livres bibliques, la Sagesse comme une femme, ce n'est pas qu'ils soient les transmetteurs inconscients de représentations ambiantes. C'est qu'il n'est point pour eux de meilleure manière d'évoquer leur intimité avec la sagesse qui vient de Dieu. Cela n'exclut certes pas qu'ils se soient inspirés de modèles qu'ils trouvaient autour d'eux. [...] Mais il est vrai que les sages de la Bible ont approfondi avec constance et précision cette réalité de la Sagesse femme avec laquelle ils vivaient. [...] Ceux-ci se laissent alors guider par elle ; les textes sapientiels de la Bible sont en quelque sorte l'exposé de cette vie mystique » (« La Sagesse : rencontre de l'homme et de la femme », dans *La vie spirituelle*, n° 731, juin 1999, p. 201-202).

99. Dans le prolongement du : « Étreins-la et elle t'élèvera, elle fera ta gloire si tu l'embrasses » (Livre des Proverbes, chapitre 4, verset 8) et du : « Elle prévient ceux qui la désirent en se faisant connaître la première » (Livre de la Sagesse, chapitre 6, verset 13), l'exégète Gerhard von Rad souligne que la Sagesse divine est même représentée par la figure de la séductrice : « Ce sont les recherches de Böstrom qui ont montré les premières combien la Sagesse veut agir personnellement dans la vie de l'individu et combien elle l'interpelle intimement ; ainsi, il est évident que la Sagesse, par son invitation, est la partenaire positive de l'Aphrodite parakyptusa. De même que les femmes qui sont au service de la déesse de la volupté invitent publiquement les hommes à s'approcher d'elles pour offrir

en sacrifice leur chasteté, de même la Sagesse attire et séduit les hommes et les invite à un repas qui est devenu un repas de noces » (*Théologie de l'Ancien Testament*, *op. cit.*, p. 384).

100. Claude Larcher précise même : « Et ceci explique pourquoi certains Pères de l'Église l'ont considérée comme une préfiguration, non du Verbe, mais de l'Esprit Saint. » (À noter que le « Verbe » désigne le Fils, selon l'expression de l'apôtre Jean : « Le Verbe s'est fait chair et il a demeuré parmi nous » [Jean 1,14] qui reprenait lui-même le thème vétérotestamentaire de la « Parole » de Dieu [du mot masculin *Dabar* en hébreu] parfois mis en parallèle avec l'activité de la « Sagesse » [du mot féminin *Hokmah* en hébreu].) Dès le IIe siècle, saint Théophile d'Antioche et saint Irénée de Lyon identifient en effet la Sagesse à l'Esprit Saint et non au Fils. Mais la plupart des Pères de l'Église feront plutôt l'inverse, ce qui nécessite une explication. Il se trouve que la mystérieuse Sagesse divine était la seule figure de l'Ancien Testament, avec le non moins mystérieux « Ange de Yahvé », à être décrite comme étant Dieu et, simultanément, distincte de Dieu. À cet égard, c'est une figure que la pensée chrétienne pouvait théoriquement rapprocher aussi bien de l'Esprit Saint que du Fils. Compte tenu du monothéisme très rigoureux d'Israël, il ne s'agissait sûrement pas encore d'une hypostase divine comparable aux hypostases de la foi chrétienne, ni même forcément d'un pressentiment de celles-ci ; mais, dans cette tentative vétérotestamentaire de distinguer la Source en Dieu de sa Présence divine auprès des humains, les premiers chrétiens disposaient là du seul élément scripturaire qui s'approchait de leur foi et surtout qui leur permettait d'aborder la question de la véritable identité du Christ à partir de l'Écriture sainte. S'ensuivit l'identification quasi systématique de la Sagesse au Fils, au détriment de la reconnaissance des nombreux traits qui correspondent davantage à l'Esprit Saint. C'est pourquoi le théologien Serge Boulgakov, au début du XXe siècle, suggérera un rééquilibrage en invitant à se rappeler que la figure biblique de la Sagesse n'était pas censée correspondre en tous points à une seule hypostase, et donc à ne pas choisir une interprétation contre une autre mais plutôt à discerner les traits qui correspondraient davantage au Fils et ceux qui correspondraient davantage à l'Esprit Saint : « Il existe un préjugé curieux en matière de sophiologie, à savoir : la Sagesse ne pourrait être reliée qu'avec une seule hypostase, celle du Fils ; et par une relation qui signifie pratiquement une identification. [...] L'admettre impliquerait nécessairement (comme saint Augustin l'a indiqué) que le Père n'a pas la Sagesse, ni non plus l'Esprit Saint, qui est pourtant "l'Esprit de la Sagesse". Cela est évidemment absurde » (*La Sagesse*

de Dieu, Lausanne, L'Âge d'Homme, 1983, p. 27). Et Serge Boulgakov d'ajouter : « La Sophie divine n'est point le Fils seulement, pas plus qu'elle n'est seulement l'Esprit : elle est la double unité du Fils et de l'Esprit, révélation unique du Père. [...] L'inséparabilité et l'inconfusibilité des hypostases de la dyade signifient en même temps la qualité parfaitement concrète de leur relation mutuelle. [...] Les hypostases sont également nécessaires et irremplaçables dans l'auto-révélation divine du Père » (*Le Paraclet*, *op. cit.*, p. 171-172). Si l'invitation de Serge Boulgakov à effectuer un tel discernement en considérant les « attributs distinctifs des hypostases » (*ibid.*, p. 172) constitue déjà une première étape pour mieux percevoir l'étroit rapport qui existe entre la Sagesse et l'Esprit Saint, un autre point – lui aussi rarement souligné – mériterait d'être précisé au sujet de l'activité commune du Fils et de l'Esprit : la déclaration du Christ selon laquelle « L'Esprit du Seigneur est sur moi » (Luc 4,18) et l'insistance évangélique d'après laquelle Jésus était « rempli d'Esprit Saint » (Luc 4,1) pourraient aussi conduire à interpréter ses paroles sur la Sagesse (voir Luc 7,35 et 11,49) non pas comme une identification simpliste du Christ à la Sagesse, mais plutôt comme une reconnaissance plus subtile de la manifestation de l'Esprit Saint à travers le ministère du Christ.

101. Elizabeth Johnson rappelle que le symbole de la colombe était utilisé dans la mythologie grecque pour la déesse de l'amour : « Au moment du baptême de Jésus, dans le récit de Luc, l'Esprit Saint descend sur lui sous une forme corporelle, celle d'une colombe (Luc 3,22). Dans la mythologie grecque, comme le montre Ann Belford Ulanov, la colombe était l'emblème d'Aphrodite, la déesse de l'amour. [...] La figure de la colombe dans l'art chrétien associe donc l'Esprit Saint à la vaste tradition préchrétienne exprimant le pouvoir divin au féminin. "L'iconographie représente la colombe comme messagère de la déesse et de l'Esprit Saint" [Ann Belford Ulanov, *The Feminine in Jungian Psychology and in Christian Theology*, Evanston, Northwestern University Press, 1971, p. 325] » (*Dieu au-delà du masculin et du féminin, Celui/Celle qui est*, *op. cit.*, p. 137).

102. Divers courants de spiritualité mariale ont même conduit une certaine foi populaire à identifier parfois l'Esprit Saint à l'époux de Marie, au père du Christ, une thèse qui, selon René Laurentin, expert en mariologie, n'est pas recevable et manifeste une incompréhension du lien entre Marie et l'Esprit : « Pour mieux exclure que l'Esprit Saint soit époux et père, Matthieu [l'Évangéliste] a pris soin de le désigner sous le nom d'Esprit, qui est féminin dans la langue originale de Matthieu et de le signifier par la même préposition grecque : *ek* qu'il emploie pour signifier le rôle

des femmes et le différencier à chaque pas de celui des hommes. [...] La particule *ek* signifie le rôle des femmes, dans les quatre générations de la généalogie : “Pharès et Zara, DE [= *ek*] Thamar (Matthieu 1,3), Booz, DE Rahab, Jobed, DE Ruth (1,5), Salomon, DE la femme d'Urie (1,6).” Ce n'est pas un hasard, c'est bien délibéré, car au verset 20 le rôle de l'Esprit Saint est exprimé selon le même mode féminin par la même particule *ek* : “Bien que l'engendré vienne DE l'Esprit Saint” (Matthieu 1,20). [...] En désignant le Principe transcendant de cette naissance sous un nom féminin, en signifiant son rôle selon un mode également féminin, Matthieu exclut encore plus nettement que l'Esprit Saint soit l'époux de Marie et le père du Christ. Il situe admirablement ainsi le mode d'action de l'Esprit Saint dans la ligne déjà inculquée par la Bible : [...] il élève Marie au meilleur de sa capacité féminine de mère » (*L'Esprit Saint, cet inconnu*, *op. cit.*, p. 579, 139 et 140). René Laurentin invite à redécouvrir ce lien unique, extrêmement étroit, entre Marie et l'Esprit, mais en insistant sur la dimension féminine du mystère de l'Esprit : « [Marie] est la transparence même de l'Esprit Saint, en relais parfait de son inspiration, favorisée par les affinités de l'Esprit Saint avec la féminité. [...] Marie est ainsi l'*image* et l'*icône* la plus parfaite de l'Esprit Saint, car il n'est qu'Amour, il n'est que don ; et au plan humain, elle n'est qu'amour, elle n'est que don. [...] Cette ressemblance de Marie avec l'Esprit Saint donne la clé d'un problème épineux. Avec raison, les protestants et les orthodoxes, mais aussi les cardinaux Congar et Suenens, ainsi que H. Mühlen, ont reproché au mouvement marial, voire à l'Église, de substituer Marie au Saint-Esprit : d'honorer unilatéralement en sa personne des titres, fonctions et privilèges qui appartiennent à l'Esprit Saint. [...] Il y a eu effectivement un déséquilibre, dans la mesure où on donnait à Marie quantité de titres qui appartiennent d'abord à l'Esprit Saint, sans mentionner aucunement la source, souvent oubliée. [...] Marie ne peut être comprise et pénétrée que par l'Esprit Saint auquel elle est toute relative. [...] C'est dans cette voie que la théologie de la Vierge est appelée à progresser » (*ibid.*, p. 588 et 591). De fait, Yves Congar avait déjà invité à relever un tel défi et à soutenir une évolution des mentalités sur le lien très profond qui unit Marie à l'Esprit Saint : « C'est un très grand sujet. Il faut prendre connaissance de la critique qui nous est adressée, reconnaître sa justesse éventuelle, mais aussi prendre conscience de la profondeur du lien qui existe entre la Vierge Marie et l'Esprit, et, en conséquence, d'une certaine communauté de rôle dans la disparité absolue des conditions. La critique est grave. Elle vient surtout de protestants et peut se résumer ainsi : nous attribuons à Marie ce qui revient au Saint-Esprit ; à la limite, nous lui faisons occuper la place du Paraclet. Nous lui attribuons en effet les titres et le rôle de Consolatrice, avocate, défenseur des fidèles devant le Christ, qui serait redoutable juge ; elle exerce une maternité telle que, grâce à elle, nous ne sommes pas orphelins ; elle révèle Jésus, qui révèle à son tour le Père. Elle forme Jésus en nous, rôle attribué au Saint-Esprit… Certains la disent "âme de l'Église", titre attribué également à l'Esprit. Enfin, bien des âmes spirituelles parlent d'une présence de Marie en elles, d'une guidance de leur vie par Marie, d'une expérience de cela comme on peut faire l'expérience de la présence et des inspirations de l'Esprit » (*Je crois en l'Esprit Saint*, *op. cit.*, p. 224). Le dernier point soulevé par Yves Congar impliquerait aussi de se poser la question de l'interprétation de certaines expériences spirituelles et de phénomènes parfois qualifiés d'« apparitions », dans le plus grand respect des convictions de chacun mais avec honnêteté : d'où provient vraiment l'identification à Marie de ce que les croyants concernés décrivent en général comme une Présence féminine rayonnante de lumière ? Cette identification systématique pourrait-elle provenir de l'attribution non moins systématique de tout élément féminin à Marie, et à elle seule, au sein d'une éducation religieuse où prédomine une évocation masculine de Dieu ? Ce processus d'identification entraîne alors une question tout aussi légitime : en admettant l'authenticité de telles expériences, pourquoi ne s'agirait-il pas de la Présence divine elle-même, voire de l'Esprit Saint puisque dans la Bible c'est la Sagesse qui est « plus belle que le soleil », « un reflet de la lumière éternelle » (Sagesse 7,26) ?

103. Certaines suggestions ont parfois suscité le soupçon parce qu'elles risquaient de déséquilibrer la foi trinitaire. Par exemple, dans les milieux théologiques syriaques des premiers siècles, l'accent fut tellement mis sur des analogies maternelles pour évoquer l'Esprit Saint, au détriment d'autres analogies féminines, que l'Église officielle prit ses distances tant cette approche donnait l'impression que l'Esprit se situait alors au même niveau que le Père, comme co-source de la Trinité, voire même comme parèdre du Père, avec une Trinité reproduisant alors le schéma père, mère, enfant. Cette approche pouvait difficilement être retenue dans la mesure où elle ne respectait ni le Père comme source unique de la Trinité, ni la réciprocité et la complémentarité du Fils et de l'Esprit. En revanche, une réflexion théologique qui mettrait l'accent sur des analogies paternelles et maternelles pour évoquer le Père, et sur des analogies masculines et féminines pour évoquer le Fils et l'Esprit, demeurerait pleinement compatible avec la dogmatique officielle de l'Église, tout en contribuant à son équilibre et à son rayonnement.

104. Ce discernement des reflets de la Beauté divine, auquel toute une lignée de penseurs issus de l'Orthodoxie – entre autres, Vladimir Soloviev, Serge Boulgakov, Vladimir Lossky, Paul Evdokimov, Olivier Clément – surent inviter, rejoint les pressentiments de bien des personnes ayant fait ici-bas, parfois à leur insu, une expérience de l'Absolu à travers tel ou tel de ces reflets. Olivier Clément voit dans la capacité à exercer ce discernement un gage de maturité spirituelle, et ce jusque dans le cadre d'une vocation monastique : « [Paul Evdokimov et moi] évoquions un jour une connaissance commune, un moine qui se piquait de théologie : "Que peut-on attendre de lui, disait Paul Evdokimov, il n'a vu ni la beauté de Dieu, ni la beauté d'une femme !" Un moine "réussi", par contre, accède à la source et au centre de tout amour. Comme le rapporte saint Jean Climaque, il peut célébrer la gloire de Dieu dans la vision d'un beau corps de femme » (« Paul Evdokimov, témoin de la beauté de Dieu », dans *Contacts*, *op. cit.*, p. 74). Saint Jean Climaque, supérieur du monastère du Mont Sinaï au VIIe siècle, l'avait compris : une fois entré dans une réciprocité d'amour avec Dieu qui n'a plus grand-chose à voir avec un puritanisme religieux ou un moralisme quelconque, le moine devient peu à peu capable de discerner ici-bas les reflets les plus divers de la Beauté divine, de les reconnaître avec bonheur comme autant de révélations indirectes de l'incomparable beauté de cette mystérieuse Présence divine qui l'accompagne à tout moment.

105. Quelles que soient les convictions de chacun en matière religieuse, il paraît indéniable que la capacité du mystère chrétien de la Trinité à revêtir ces multiples facettes renforce sa crédibilité et sa légitimité lorsqu'il s'agit d'exprimer les vérités dernières sur un Dieu qui serait amour.

106. Il importe que tout accompagnateur spirituel veille à ne pas se contenter de projeter sur la personne qui se confie à lui sa propre manière de gérer sa relation avec Dieu, mais à se rappeler que seul ce Dieu d'amour en est le véritable guide. Son discernement relatif à l'authenticité de la vie intérieure concernée – et des analogies qui l'accompagnent – est plutôt appelé à s'appuyer sur le constat – positif ou négatif – d'une croissance de la confiance d'être aimé de Dieu et de l'envie d'aimer Dieu, selon la parole du Christ : « Prenez un arbre bon : son fruit sera bon ; prenez un arbre gâté : son fruit sera gâté. Car c'est au fruit qu'on reconnaît l'arbre » (Matthieu 12,33). Saint Jean de la Croix met particulièrement en garde ceux qu'il appelle les « directeurs d'âme » lorsqu'un certain degré d'intimité avec Dieu a été franchi par la personne écoutée : « Que de tels directeurs d'âme prennent bien garde de considérer que le principal agent, le guide, le

moteur des âmes en cet état ce n'est pas eux mais le Saint-Esprit qui ne cesse jamais de prendre soin d'elles. Ils ne sont eux-mêmes que des instruments » (cité par Dom André Gozier dans *Présence dans le silence*, Paris, Desclée de Brouwer, 1976, p. 82). Jean de la Croix ajoute au sujet de l'âme ayant atteint ce qu'il dénommait le « mariage spirituel » : « Lorsque l'âme est montée en cette solitude de tout, par-dessus tout, rien ne lui sert plus et ne peut l'aider à monter plus haut, sinon le Verbe son Époux lui-même. [...] Ce qui se passe en elle dans ce recueillement du mariage avec son Bien-Aimé est tellement haut et savoureux que l'âme ne peut le dire et qu'elle ne voudrait même pas en parler... Elle le possède seule et l'entend seule, en jouit seule et son plaisir est que cela se passe seule à Seul » (*ibid.*, p. 104).

107. Saint Irénée insiste même sur les dénominations du Fils et de l'Esprit en tant que « Verbe » et « Sagesse » : « Comme dit le prophète : "Par le Verbe du Seigneur les cieux furent établis, et par son Esprit existe toute leur puissance" (Psaume 32,6). Puis donc que le Verbe établit, c'est-à-dire donne forme et existence, tandis que l'Esprit dispose la diversité des puissances, c'est à bon droit que le Fils est appelé Verbe, et l'Esprit, Sagesse de Dieu » (*Démonstration de la prédication apostolique* [chapitre 5], Paris, Cerf, « Sources chrétiennes », n° 406, 1995, p. 91).

108. Dans la tradition mystique juive de la kabbale, une interprétation du Cantique des cantiques relative à ces mouvements d'amour intra-divins se développe « au début du deuxième millénaire de notre ère », selon Carl-Albert Keller : « La kabbale conçoit la vie cachée et intime de Dieu comme un processus d'échanges et de communications amoureuses entre les divers aspects de la personne divine. Ces aspects qui sont identiques aux attributs de Dieu mentionnés dans l'Ancien Testament, sont appelés *sefirōt* (on en énumère dix) ; ces *sefirōt* sont animées de mouvements constants qui les poussent les unes vers les autres, les *sefirōt* mâles vers les *sefirōt* femelles, les *sefirōt* inférieures vers les *sefirōt* supérieures et vice versa. En plus, la kabbale exploite le fait que certains concepts fondamentaux du judaïsme apparaissent comme des grandeurs féminines, comme par exemple la Torah et la *shekīnā*. [...] Ainsi Dieu est-il perçu comme un être complet, masculin et féminin, paternel et maternel, en équilibre constant en lui-même tout en connaissant des sentiments amoureux et des élans communautaires dans son propre être » (*Approche de la mystique dans les religions occidentales et orientales*, *op. cit.*, p. 294-295).

109. Comme le note André Chouraqui dans l'introduction à sa propre traduction en langue française du Cantique des cantiques : « Peu de livres ont été davantage lus, traduits et commentés. Du IXe au XVIe siècle, Salfeld a

recensé cent trente-quatre commentaires, presque tous juifs. Rosenmuller avait compté cent seize commentaires chrétiens du Cantique, entre le XVIe et le XIXe siècle » (*Le Cantique des cantiques, suivi des Psaumes* [traduits et présentés par André Chouraqui], Paris, PUF, 1970, p. 4). Les commentaires chrétiens sont innombrables dès les premiers siècles et connurent une recrudescence au XIIe siècle sous l'inflexion notamment de saint Bernard de Clairvaux, avant de culminer au XVIe siècle avec les écrits de saint Jean de la Croix.

110. René Laurentin insiste sur cette inversion typique de la littérature sapientielle : « Ce qu'il y aurait de choquant à ce que Dieu soit unilatéralement symbolisé par un principe masculin, et que l'humanité soit corrélativement considérée comme féminine, trouve une compensation dans la Bible même. [...] Ici, le sens du mariage est inversé. C'est la gloire du roi Salomon d'avoir épousé la Sagesse. [...] La littérature de Sagesse met en parallèle et en corrélation constants femme et Sagesse. Et, finalement, elle projette en Dieu ces valeurs d'initiative, d'intuition, de présence au cosmos, ce sens de la vie, dont la femme est le meilleur témoin. Cette ligne de réflexion qui prépare la théologie du Saint-Esprit introduit un dernier thème fort important, car il corrige l'idée que l'homme est supérieur à la femme, comme Dieu à l'humanité » (« Marie et l'anthropologie chrétienne de la femme », dans *Nouvelle Revue Théologique*, *op. cit.*, p. 509-511).

111. Très frappants sont les parallélismes entre la recherche de la femme du Cantique et l'attitude conférée à la Sagesse divine. Dans le Cantique, la femme s'exclame : « Je me lèverai donc, et parcourrai la ville. Dans les rues et sur les places, je chercherai celui que mon cœur aime » (Cantique 3,2) ; or de la Sagesse il est écrit : « Au croisement des chemins, elle se poste ; près des portes, à l'entrée de la cité, sur les voies d'accès, elle s'écrie : "Humains ! C'est vous que j'appelle" » (Proverbes 8,4) et : « Elle va partout les chercher et sur les sentiers elle leur apparaît avec bienveillance » (Sagesse 6,16). En outre, il existe de nombreux parallélismes entre la beauté de la femme du Cantique et la Sagesse : « Ô la plus belle des femmes [...]. Que tu es belle, ma bien-aimée, que tu es belle ! [...] Tu es toute belle, ma bien aimée, et sans tache aucune ! » (Cantique 1,8 ; 1,15 ; 4,7.) De telles déclarations font penser à celles de Salomon dans le livre de la Sagesse : « Elle est, en effet, plus belle que le soleil [...]. J'ai cherché à la prendre pour épouse et je suis devenu amoureux de sa beauté. [...] Car elle est un reflet de la lumière éternelle, un miroir sans tache de l'activité de Dieu, une image de sa bonté » (Sagesse 7,29 ; 8,2 ; 7,26). Le verset : « Ouvre-moi, ma sœur, mon amie, ma colombe, ma parfaite ! » (Cantique 5,2) reprend des

désignations typiques de la Sagesse qui est elle aussi comparée à une « sœur » (Proverbes 7,4) ou une « amie » (Sagesse 7,23), ainsi que des désignations typiques de l'Esprit dont la colombe est un symbole et la perfection une qualité. Cette perfection, qualité divine par excellence, n'est d'ailleurs attribuée qu'à la femme du Cantique et non à son bien-aimé... Sans pour autant remettre en cause l'attribution traditionnelle du rôle de l'homme à Dieu, laquelle s'appuie sur des arguments tout à fait recevables, ces quelques parallélismes avec la Sagesse divine indiquent simplement qu'une telle attribution n'est ni la seule interprétation possible, ni la seule interprétation susceptible de contribuer à la portée universelle du Cantique des cantiques.

112. Quand un amour authentique est vécu dans toute sa force et sa beauté, il devient pour beaucoup l'expérience humaine qui pousse le plus à s'interroger sur l'existence d'une Réalité ultime, transcendante, qui aurait elle-même un rapport étroit avec l'amour. Si ce monde ne provenait que du plus grand des hasards pour retourner irrémédiablement à la poussière et au néant comme s'il n'avait jamais existé, et si l'histoire de la vie se réduisait alors à la tentative des organismes vivants de survivre le plus longtemps possible par tous les moyens, y compris les plus cruels, d'où proviendraient ce pressentiment d'une grandeur de l'amour et cet ardent désir de contribuer à la réalisation du bonheur d'un autre que soi-même, de faire du bonheur de l'être aimé la priorité absolue de son existence ? Ne serait-ce pas précisément parce qu'il existerait une Réalité ultime ayant un étroit rapport avec le mystère de l'amour que l'être humain perçoit, au contact de tout amour vrai, une beauté et une grandeur aussi bouleversantes qu'incompréhensibles d'un point de vue exclusivement matérialiste ?

113. De ce point de vue, ceux et celles qui sortent parfois tellement meurtris et désespérés d'une relation amoureuse ayant mal tourné auraient tellement besoin de quelqu'un pour leur tenir ces propos : « Ce mystère prodigieux que tu as pressenti dans l'expérimentation d'un amour humain, tu peux encore y croire et l'espérer de tout ton cœur, car, contrairement à ton impression du moment, tu ne l'as pas définitivement perdu : il ne se réduit pas à la personne avec qui tu étais, il est bien plus grand que l'être humain qui t'y a fait goûter, car il a sa source en Dieu même et dans l'image de Dieu déposée en chacun, si bien que tu pourras encore en vivre à l'avenir à travers d'autres personnes et qu'un jour Dieu lui-même te l'offrira en plénitude. »

114. Dans la perspective chrétienne de la résurrection, tout ce qui a été vécu de plus beau avec les êtres chers qui ont déjà rejoint la vie d'éternité

ne retire peut-être rien à la tristesse de leur mort – en particulier d'une mort brutale, inattendue –, ou au manque suscité par leur absence, mais vient néanmoins confirmer la grandeur de ce qui a été partagé ensemble et renverser le non-sens dont ce vécu aurait été victime si le néant avait le dernier mot. En pensant à une personne aimée, trop tôt disparue, chacun peut se dire dès qu'un souvenir heureux remonte à la conscience : « Ce geste et cette parole ont contribué au développement de sa confiance d'être aimée et de sa capacité d'aimer, cette confiance et cette capacité à partir desquelles elle aime Dieu maintenant : ils contribuent donc indirectement à l'intensité du bonheur qu'elle ressent en ce moment même dans son union d'amour avec Dieu. »

115. Contrairement à bien des idées reçues, la théologie chrétienne, par sa capacité à discerner dans l'amour humain ce qui peut préparer à une union divino-humaine, confère une dimension mystique à l'amour ici-bas et lui attribue dès lors un sens d'une beauté qu'aucune autre vision philosophique – surtout si celle-ci est athée – ne saurait égaler.

116. Selon le psychanalyste Viktor Frankl, certains moments de dépression, de vertige, de vide, de néant, si fugaces soient-ils, où l'impression de perdre pied avec la réalité l'emporte, sont souvent liés à une absence de sens qui finit par être de plus en plus mal vécue. Ce manque de sens, aux conséquences dommageables pour tous, serait nourri par un refoulement de la spiritualité, l'inconscient ne se réduisant pas, selon Viktor Frankl, à de l'instinctivité refoulée : « Alors que l'inconscient de Freud est monolithique, Frankl y décèle une autre dimension, tout aussi agissante. Freud réduit l'inconscient aux pulsions sexuelles, tandis que Viktor Frankl estime qu'il y a un “inconscient spirituel”, où domine non plus le principe de plaisir, mais la volonté de sens. Cet inconscient spirituel pointe vers Dieu. Viktor Frankl s'aperçoit en effet que ses patients ne souffrent pas uniquement de frustrations sexuelles (Freud) ou de complexes d'infériorité (Adler). Plus généralement, il rencontre des êtres affrontés à un “vide existentiel” qui leur donne le vertige. La névrose révèle avant tout un être frustré de sens, ce qui doit conduire à penser que l'exigence fondamentale de l'homme n'est ni l'épanouissement sexuel, ni la valorisation de soi, mais la plénitude de sens. Le repli sur le sexe n'est souvent qu'un ersatz à un manque de sens. Si l'homme est un être de désir, il faut ajouter aussitôt que son désir l'oriente fondamentalement vers une recherche de sens » (extrait de la préface de Marcel Neusch au livre de Viktor Frankl intitulé *Le Dieu inconscient*, Paris, Centurion, 1975, p. 7).

117. Se retrouver en présence d'un autre que soi-même, avec toute sa part de mystère, d'attente, de désir d'être compris et d'être aimé exige un investissement particulier, un combat intérieur contre la routine et le laisser-aller. Un des moments névralgiques de la journée est sans doute celui du retour chez soi après une journée de travail parfois marquée par des soucis et des tensions diverses. Trente secondes seraient parfois suffisantes pour effectuer en son cœur un renouvellement de l'essentiel avant de franchir le seuil de la porte, par exemple sur le parking, dans l'escalier ou l'ascenseur, etc. Un tel renouvellement, accessible à tous et adapté au rythme de la vie moderne, pourrait changer toute l'atmosphère d'une soirée : se laisser saisir par cette vérité que rien n'est plus important que de manifester son amour à l'être aimé, que de contribuer à la croissance de sa confiance d'être aimé et de sa capacité d'aimer, soutiendrait activement une qualité d'écoute, de compréhension, de communion à ce que l'autre vient de vivre, à ce qu'il ressent et attend maintenant ; ce bref mais intense renouvellement participerait ainsi concrètement à l'épanouissement d'une vie commune, tout en limitant les risques de l'abîmer par un comportement désagréable lié à une fatigue insuffisamment maîtrisée ou à un emportement caractériel qui aurait pu être évité.

118. Sans une véritable réciprocité dans cette attention à répondre à l'attente d'être aimé présente en chacun, le manque d'amour alors ressenti par l'un des partenaires, associé à un sentiment d'injustice à cause des efforts qu'il aurait déployés à sens unique, nourrit une souffrance parfois non avouée mais pourtant suffisamment présente pour rendre une vie de couple fort triste ou la vouer à une rupture probable. Il ne sera peut-être jamais assez répété combien il importe, avant toute décision relative à un engagement déterminant, d'exercer un sérieux discernement pour s'assurer de la manifestation tangible d'une solide réciprocité affective, d'une attention mutuelle bien concrète aux désirs et aux attentes de chacun.

119. Ce renouvellement de l'essentiel suppose un engagement très personnel qui ne saurait reposer uniquement sur des formes de renouvellement à deux : pour chacun, des espaces de solitude – aussi brefs soient-ils – paraissent nécessaires en vue de réitérer au plus profond de son cœur un « oui » envers la réalisation du bonheur de l'être aimé, un « oui » que personne ne peut prononcer à la place de l'autre. Cependant, toutes les richesses d'inspiration et de création propres à l'amour seront toujours les bienvenues pour découvrir également des formes concrètes de renouvellement à deux. L'attention à ne pas se laisser envahir par les multiples sollicitations extérieures, à préserver des moments d'intimité, demeure primordiale. Une même attention

mériterait d'être portée à des échanges réguliers où serait regardé en face ce que l'un et l'autre auraient pu moins apprécier, afin d'éviter le refoulement de blessures qui risqueraient d'alimenter de véritables « bombes à retardement ». Si le ton à employer et le moment à trouver sont à choisir avec précaution pour limiter le risque que ce temps de partage ne se transforme en un règlement de comptes, une intériorisation personnelle et un rappel à voix haute de son véritable sens pourraient se révéler bénéfiques : la joie d'apprendre à s'aimer, de se découvrir avec toujours plus de justesse, de savoir que l'amour en ressortira grandi. Un tel partage peut d'ailleurs commencer par mentionner les moments qui furent le plus appréciés : mieux connaître ce qui a réjoui le cœur de l'autre constitue également une bonne occasion d'apprendre à l'aimer.

120. Voir le chapitre « Un Dieu qui connaît les blessures de chacun » dans la deuxième partie de cet ouvrage, en particulier la note n° 22. Chercher à comprendre et à guérir la source de la peine chez l'autre, la souffrance et la déception qui ont pu le pousser à réagir de telle ou telle manière, sera toujours plus constructif que de se contenter d'établir objectivement lequel des deux a eu tort ou a eu raison : un apprentissage commun de l'amour passe par un dépassement de ce mécanisme d'autojustification où chacun s'enlise dans de vaines questions – « Qui a eu tort ? », « Qui a eu raison ? » ou bien : « Qui a commencé ? » – dont les réponses ne régleraient de toute façon pas le malaise ressenti – à tort ou à raison – par son partenaire.

121. Chaque avancée vers un amour plus grand devrait être accueillie non pas comme un dû ayant tardé à venir, mais comme un véritable miracle par qui n'oublie pas que l'être humain vient de la poussière, qu'il est le fruit d'une histoire incroyable qui a vu surgir la vie, la conscience puis l'amour, que son être physique et psychique porte en lui la marque de toute cette histoire qui l'a précédé et lui a permis d'exister. Un retournement de perspective s'impose : ce qui est étonnant, ce n'est pas qu'il y ait une distance entre l'amour souhaité et l'amour vécu, mais c'est plutôt que l'identité la plus profonde de l'être humain – l'image de Dieu en lui – parvienne tout de même, par petites touches, à se frayer un chemin au milieu de – et avec – cette base biologique et psychique inévitablement influencée par tout ce qui l'a forgée au cours de centaines de milliers d'années. Garder présent à l'esprit que le corps et le psychisme humains sont solidaires de cette longue histoire de la vie – avec ses luttes et ses lenteurs –, c'est considérer avec davantage de bienveillance et de patience un apprentissage de l'amour qui ne peut s'effectuer qu'à partir de cette pâte humaine éminemment complexe, en intime collaboration avec elle et au rythme qui lui sera propre.

122. Une théologie chrétienne centrée sur l'essentiel, à savoir sur tout ce qui peut soutenir ou préparer une réciprocité d'amour divino-humaine, est ainsi en mesure de conférer une valeur magnifique, une valeur d'ordre mystique au langage des corps en soulignant l'aptitude de ce dernier à développer la confiance d'être aimé et la capacité d'aimer à partir desquelles l'être humain vit ou vivra son union à Dieu. Une spiritualité qui dénigrerait le langage des corps – notamment son élan érotique – négligerait par là même le moyen le plus intense que Dieu ait mis à la disposition des conjoints pour se transmettre mutuellement cette confiance d'être aimés et développer leurs énergies d'amour respectives.

123. Chez de nombreux jeunes, la tentation du suicide fait parfois suite à leur sentiment de ne pas être assez aimés – à tort ou à raison –, à leur impression tout aussi subjective que jamais personne ne fera le choix de les aimer, ou encore à leur conviction de ne plus pouvoir connaître le bonheur. C'est comme si leur souffrance du moment les empêchait de regarder en face une vérité des plus essentielles : personne, absolument personne ne peut savoir à l'avance de quoi son avenir sera fait, quelles personnes jalonneront son chemin, quelle qualité d'amour lui sera alors offerte. Ceux qui rencontrent parfois tardivement – mais d'un certain point de vue il n'est jamais trop tard – la personne avec laquelle s'effectuera un cheminement vers un amour réciproque sont les premiers à déclarer après coup qu'ils n'y croyaient plus depuis longtemps et qu'ils sont si reconnaissants aujourd'hui de ne pas avoir commis l'irréparable. En réalité, personne ne peut prétendre que sa confiance d'être aimé ne pourra pas grandir s'il continue son périple terrestre, d'autant plus que, s'il s'agit d'un croyant, il pourra toujours faire grandir cette confiance d'être sincèrement aimé en accueillant l'amour que Dieu lui-même ne cesse de vouloir lui offrir à tout moment. C'est encore plus vrai de la croissance de sa propre capacité d'aimer, car cette croissance-là ne dépend pas directement de l'entourage ou de l'extérieur en général, mais d'une option intérieure liée à l'usage de sa liberté individuelle, d'un choix que personne ne peut vivre à sa place. Or chacun peut exprimer des marques d'affection tous les jours de sa vie, si infimes soient-elles, qui contribueront à développer les énergies d'amour qui sommeillent en lui, même si cette expression revêt des formes extrêmement simples (un sourire dans la rue ou au travail peut sembler banal, mais pourtant il contribue lui aussi à cette croissance dans l'amour). En définitive, même marquée par de lourdes épreuves, la vie mérite d'être poursuivie dans la mesure où elle offrira encore la possibilité de contribuer sous une forme ou sous une autre, même très indirecte, à cette croissance de sa propre capacité

d'aimer et de celle des personnes rencontrées ici ou là. Comme aimait souvent à le dire Mère Teresa de Calcutta : « Nous sentons bien nous-mêmes que ce que nous faisons n'est rien de plus qu'une petite goutte d'eau dans l'océan. Mais si cette goutte d'eau n'était pas dans l'océan, elle lui manquerait. »

124. Être assuré que cette Présence divine continuellement à ses côtés sait à quel point il l'aime : telle est la confiance qui permet au moine de ne pas demeurer frustré par le fait qu'il ne peut ni la voir ni la toucher. En effet, à partir du moment où le langage des corps, dans une relation humaine, a pour objectif fondamental de montrer à sa partenaire combien elle est aimée, de la rassurer sur l'intensité de l'amour qui lui est porté, alors cet admirable rôle du langage des corps n'est pas refoulé mais au contraire accompli au sein d'une réciprocité d'amour divino-humaine : une Présence divine qui « sonde les cœurs et les reins » (Psaume 7, verset 10) peut à chaque instant goûter pleinement l'intensité de l'amour qu'un être humain lui porte, au point que la mission propre au langage des corps y atteint un degré d'accomplissement que même l'érotisme le plus raffiné ne saurait atteindre, tant il est vrai que l'intensité des sentiments qui habitent un cœur amoureux dépasse tous les moyens d'expression, si magnifiques soient-ils, dont l'être humain dispose ici-bas.

125. Il paraît difficile de saisir quelque chose de cet appel à mener une vie monastique sans prendre en compte l'un de ses fondements les plus éclairants, à savoir la présence, en Dieu même, d'un double désir : le désir d'être intensément aimé par l'être humain et le désir de l'aimer intensément. Ne serait-ce pas ce désir d'être aimé et d'aimer qui pousserait un tel Dieu à mettre exceptionnellement des personnes à part pour répondre à un autre appel que celui de la vocation conjugale, pour vivre une vocation où Dieu et sa créature pourront expérimenter la joie d'être aimés et d'aimer sous une forme radicale qui n'est ni supérieure ni inférieure mais différente ? À la lumière du lien entre l'amour humain et l'amour divino-humain mis en évidence au cours de ces pages, il apparaît que ces deux vocations – conjugale et monastique – ont chacune leur dimension mystique, leur beauté propre, leur mission propre et leur capacité propre à réjouir le cœur d'un tel Dieu, notamment lorsqu'elles soutiennent d'une manière ou d'une autre ce continuel apprentissage de l'amour qui constitue le sens ultime de la vie.

126. L'intégration d'une manière d'aimer humaine dans une réciprocité d'amour avec Dieu et l'emploi d'analogies à connotation érotique par la plupart des mystiques sont parfois interprétés par certains comme la

conséquence d'une simple frustration. Cette interprétation témoigne d'un manque de compréhension des véritables fondements sous-jacents à une telle intégration ou à un tel langage – à moins qu'il ne s'agisse parfois tout simplement d'un prétexte utilisé par des non-croyants qui se refusent à regarder en face un phénomène jugé trop dérangeant, voire par des croyants qui ressentent eux-mêmes une frustration dans leur propre vie intérieure. Pour ce qui est de cette intégration, il suffirait tout simplement d'admettre que l'être humain ne peut aimer qu'à partir de ce qu'il est et non à partir de ce qu'il n'est pas ! Par conséquent, sa manière d'attendre et d'offrir un amour est forcément la même qu'il s'agisse d'une relation menée avec une personne humaine ou avec une Personne divine. Ce constat renvoie à la vraie problématique qui se cache derrière les interprétations réductrices de l'expérience mystique : la reconnaissance ou non de l'existence d'un Dieu d'amour. Quelles que soient les convictions des uns ou des autres, ce serait faire preuve d'honnêteté intellectuelle que de reconnaître la cohérence du témoignage des mystiques si ce Dieu d'amour existe : comment un tel Dieu, en tant que Source suprême de l'amour, pourrait-il ne pas être capable d'offrir un amour aussi beau que celui décrit par les mystiques ? Comment un tel Dieu, en tant que Source suprême de l'amour, pourrait-il ne pas être capable d'offrir un amour qui susciterait une passion et un enthousiasme au moins aussi grands que ceux suscités par un amour humain ? Quant à l'emploi régulier, dans leur langage, d'analogies à connotation érotique, nul n'en a peut-être mieux explicité le fondement et la pertinence que saint Grégoire de Nysse, au IVe siècle, dans sa *Première homélie sur le Cantique des cantiques* : « La nature humaine ne peut exprimer le trop-plein de l'amour divin. Aussi prend-on comme symbole de celui-ci ce qu'il y a de plus violent dans les passions qui s'exercent en nous, je veux dire la passion de l'amour, afin que nous apprenions par là que l'âme qui a les yeux fixés sur la Beauté de la nature divine, doit être éprise d'elle autant que le corps pour ce qui lui est apparenté, [...] en sorte que notre âme brûle en nous "érotiquement" de la seule flamme de l'Esprit » (cité et traduit par Olivier Clément dans *Sources, les mystiques chrétiens des origines*, *op. cit.*, p. 159). Enfin, il serait légitime de se demander depuis quand une « illusion » aussi radicale que celle dénoncée par certains pourrait, dans la durée, produire un bonheur, une joie, une paix, un épanouissement comparables aux témoignages de tant d'hommes et de femmes qui, tout en étant lucides sur la beauté de l'amour humain, ont répondu à une vocation de type monastique et y sont restés fidèles malgré bien des sollicitations extérieures. Pour ceux qui admettront que seul un amour authentique intensément vécu porte habituellement ce genre de fruits, la vie monastique apparaîtra alors comme un signe indirect non seulement de l'existence de Dieu mais aussi de la qualité de l'amour offert par Dieu – et n'est-ce pas là une « bonne nouvelle » pour tous ? Carl Gustav Jung lui-même répond à ceux qui, refusant d'approfondir un tel sujet, se contentent de qualifier d'« illusion » l'expérience mystique : « L'expérience religieuse est absolue. Elle est au sens propre indiscutable. On peut seulement dire qu'on n'a pas fait une telle expérience et l'interlocuteur répondra : "Je regrette, mais moi je l'ai faite." Et la discussion sera terminée. Peu importe ce que le monde pense de l'expérience religieuse ; celui qui l'a faite possède l'immense trésor d'une chose qui l'a comblé d'une source de vie, de signification et de beauté et qui a donné une nouvelle splendeur au monde et à l'humanité. Il a la foi (*pistis*) et la paix. Où est le critère qui permettrait de dire qu'une telle vie n'est pas légitime, qu'une telle expérience n'est pas valable et qu'une telle foi est une simple illusion ? Y a-t-il en fait une meilleure vérité sur les choses ultimes que celle qui vous aide à vivre ? [...] Personne ne peut savoir ce que sont les choses ultimes. Nous devons par suite les prendre telles que nous les expérimentons, telles que nous les vivons. Et si une telle expérience nous aide à rendre notre vie plus saine, ou plus belle, ou plus complète, ou plus lourde de sens, pour nous-mêmes et pour ceux que nous aimons, nous pouvons tranquillement affirmer : "C'était une grâce de Dieu" » (*Psychologie et religion*, Paris, Buchet-Chastel, 1958, p. 198-199).

127. Certaines traditions mystiques poussent très loin cette transfiguration de l'éros humain en un langage d'amour offert à Dieu. Si, dans l'histoire spirituelle de l'humanité, nombre de mystiques ont souvent surpris, voire choqué par leurs propos ou leurs agissements, c'est qu'ils sont habités par un amour pour Dieu qui ne s'arrête plus aux apparences et dépasse les jugements superficiels pour s'épanouir dans une liberté intérieure. La liberté dont ils font usage dans ce domaine peut sembler à première vue déconcertante, mais, en réalité, elle est mue par leur intime conviction que tous leurs actes peuvent devenir un langage d'amour offert à Dieu, que toutes les dimensions de leur personne peuvent se consacrer à cette réciprocité d'amour divino-humaine. La mystique juive de la kabbale fait partie des courants mystiques qui ont osé aller le plus loin dans ce sens ; Carl-Albert Keller, expert en science des religions, commente certains textes de cette tradition religieuse en ces termes : « Les textes qu'on vient de citer sont extraordinairement instructifs parce qu'ils mettent en évidence le caractère total de la recherche mystique même là où elle se concentre sur l'excitation de l'éros et du sentiment amoureux. Le juif qui

est sincèrement attaché à la recherche de Dieu et qui essaie de s'introduire par son intériorité dans l'intériorité de son Créateur, n'est pas seulement engagé par son psychisme et les émotions qui caractérisent celui-ci mais aussi par son corps : il fait des mouvements physiques qui l'aident à vivre les émotions qui conduiront à Dieu. En plus, son imagination est active : il imagine que la *shekhīnā*, la Présence divine elle-même est avec lui, "contre son corps" et il cherche à s'unir à elle. Enfin, il y ajoute la prière, l'invocation par la parole. Bref, il met en jeu toute son existence d'être humain dans le but de connaître intimement l'Ultime que lui présente sa tradition religieuse » (*Approche de la mystique dans les religions occidentales et orientales*, *op. cit.*, p. 297-298).

128. Dans une mystique chrétienne libérée de certains refoulements repérables chez tel ou tel auteur dont les propos relèveraient parfois davantage d'une saine psychanalyse que d'une quelconque réflexion théologique, l'éros n'est justement pas refoulé, mis de côté ou dénigré, mais « transfiguré » selon l'expression d'Olivier Clément : « Chez le moine, l'éros n'est pas écrasé, mais transformé, transfiguré. C'est pourquoi saint Jean Climaque a pu écrire : "Que l'éros physique soit pour toi un modèle dans ton désir de Dieu" (*L'Échelle sainte*, 26e degré, 34), et encore : "Heureux celui qui n'a pas une passion moins violente pour Dieu que celle de l'amant pour sa bien-aimée" (*ibid.*, 30e degré, 11) » (*Corps de mort et de gloire*, *op. cit.*, p. 53).

Table des matières

Avant-propos 7

Introduction 9

Le mal contredit-il l'existence d'un Dieu d'amour ?
Projections inconscientes et représentations d'une toute-puissance divine

Par-delà le désir de toute-puissance 23
Une liberté humaine infiniment respectée 26
Un Dieu qui ne veut ni ne permet le mal 28
Un amour illimité que rien ne peut anéantir 31
Une création aux étapes incontournables 34
Des imbrications évolutives complexes 38
Renoncer à créer une conscience aimante ? 41
Une réciprocité d'amour qui n'aura pas de fin 44

Sentiment de culpabilité et peurs secrètes de Dieu
Projections inconscientes et représentations d'un jugement divin

Un difficile face-à-face avec soi-même 52
Aux origines du sentiment de culpabilité 57
Ne plus confondre son Surmoi avec Dieu 62
Vers un regard à la fois lucide et bienveillant 65
« Dieu est plus grand que notre cœur » 68
Discerner le mystère d'une beauté intérieure 71
Un Dieu qui connaît les blessures de chacun 74
Un amour dont personne n'est exclu 79

D'une lointaine condescendance à une réciprocité d'amour
Projections inconscientes et représentations d'une transcendance divine

Se libérer du Dieu imposant 87
Se libérer du Dieu distant 93
Une réciprocité d'amour vécue pour elle-même 99
Un Dieu qui désire être aimé 104
Au cœur d'un amour inconditionnel 110
Une capacité d'aimer inespérée 117
« Merveille que je suis, merveille que tes œuvres » 125

Facettes méconnues d'un amour encore plus grand
Projections inconscientes
et représentations d'une tendresse divine

Des enjeux d'une portée considérable 137
Dépasser un conditionnement culturel réducteur 140
Intégrer son humanité dans une réciprocité d'amour 143
Nourrir activement la confiance d'être aimé 146
Un mystère à découvrir et explorer sans cesse 150
Par-delà la figure du père 154
Paternité divine et maternité humaine 158
« Si mon père et ma mère m'abandonnent... » 169
« Plus belle que le soleil » 175
Vers une intimité divino-humaine 188

Épilogue : Amours divino-humaines
Sens ultime de l'amour, sens ultime de la vie 193

Notes-commentaires 203

Composition et mise en pages :
FACOMPO, Lisieux

Achevé d'imprimer en mai 2008
par Jouve s.a.
N° d'édition : OSPI0220
Dépôt légal : mai 2008
Imprimé en France